# 間違いだらけ！日本人のストレッチ

## 大切なのは体の柔軟性ではなくて「自由度」です

森本貴義



ワニブックス
|PLUS|新書

## まえがき

日ごろからとても不思議に思っていることがあります。

それはパーソナル・トレーニングで接するクライアントの多くの方が、「わたし、体が硬くって……」と申し訳なさそうに話すことです。

この本を手に取られたみなさんも、きっと「自分の体は硬い」と思っていることでしょう。

でも、これまで数多くのアメリカ人、中南米諸国出身の人たちの体を診てきたわたしは、自信を持ってこう言えます。「日本人の体は総じて硬くない」と――このことについては第1章で詳しく触れます。

「わたし、体が硬くって……」と言うクライアントさんに、「どうして『硬い』と思うのですか?」と訊《き》いてみると、多くの方が「小中学校のときにやった体力測定で、立位体前屈がマイナスだった」と答えます。そうです、あの台の上に立って前屈をする測定です。

この測定で結果がマイナスになる人の多くは、体が硬いためにそうなったのではなく、前屈の「仕方」が間違っているから――お腹や背中で曲げても絶対に手はつま先に着きません――好ましい結果に至らなかったのです。

実際、正しい前屈の仕方――両脚股関節の根元に両手の人差し指を置いて、その指を体で挟むように曲げる――をちょっと教えると、ほとんどの人がグッと深く前屈できるようになります。

また、仮に本当に体が硬いために深い前屈ができなくても、じつは大した問題ではありません。

「超一流」と評されているアスリートにも深い前屈のできない人は結構います。これから徐々に触れていきますが、本当に大切なのは体の柔軟性ではなく、むしろ脳から出した指令通りに体を動かせること、つまり操作性が高い体であり、それはすなわち〝自由度〟の高さを持っている体なのです。

また、一流のパフォーマンスを発揮するには、体の柔軟性はあまり貢献しません。〝自由度〟に加えて大切なのは体の連動性です。体が柔らかくても連動性が低いと、高い効率の運動はできません。反対に体が硬くても高い連動性を実現できれば、高度なパフォーマンスを発揮することが可能です。

話は戻りますが、日本人は体が柔らかいのです。にもかかわらず、体が硬いと思い込んでいます。それどころか、体が硬いのは悪いことだと決めつけています。「だからわたしはダメなのだ」と。

本書ではそんな日本人の〝誤解〟を解いていくとともに、本当に健全な体とはどういうものをいうのか、そしてそんな体になるためには何が必要なのかを説明していきたいと思います。

わたしは常日ごろ、体はわたしたちの人生の行き先を決める大切な〝乗り物〟だと考えています。クライアントの方々と接する際も、そのことを大前提にして体を診ています。

より充実したQOL――クオリティ・オブ・ライフ、つまり生活を物理的な豊かさだけでなく、精神面の豊かさや満足度も含めて質的に捉える考え方――を実現するために、体の〝自由度〟は不可欠です。アスリートはもちろん、ぜひ一般の人たちにも体の〝自由度〟を高めて、より充実した人生を歩んでいただきたいものです。

2017年　8月吉日

アスレティック・トレーナー　森本貴義

目次

## 第3章　〝自由度〟の高い体こそ大切　59

## 第4章　ストレッチの本当の効能　93



## 第5章　正しい呼吸なしに〝自由度〟は語れない　111

目次

# 第1章

# なぜ「柔らかいこと」を望むのですか？

# 開脚前屈がブーム？

知人から聞いたのですが、最近、フィットネス・クラブのストレッチ・スペースで、体操や新体操の選手、お相撲さんのようにベターッと開脚前屈をしている（もしくはトライしている）人が増えているそうです。

一般的に体の柔らかい女性だけでなく、男性もいるというのですから、これは一種のブームなのでしょうか？

聞くところによると、２０１６年暮れ、『どんなに体がかたい人でもベターッと開脚できるようになるすごい方法』（Ｅｉｋｏ著　サンマーク出版）という本が累計１００万部を突破したそうです。それで開脚前屈にトライする人が増えているのでしょう。

簡単にできないことにトライするのはいいことだと思います。でも、これらの人たちはなぜ体操や新体操の選手、あるいはお相撲さんのように開脚前屈ができるようになりたいのでしょうか？　それは何のためなのでしょうか？

筋トレや有酸素運動などのトレーニング、ヨガやピラティスなどのメソッドは目的を持って臨むと効果が倍増します。

ただ、なんとなく「『体にいい』と聞いたから」「ダイエットしたいから」程度の目的では、大した効果は望めません。

トップ・アスリートや健康への意識の高い人は、トレーニングをただなんとなくはしません。

たとえば、ドライバーの距離を伸ばしたいゴルファーは自分のスイングのメカニズムと体とのバランスを考慮し、下半身から発生した力をロスすることなくコアにつなぎ、最終的にはその力をシャフトに伝え、その連鎖で起こった強い力でボールを打つために、トレーニングを行います。

こうした力の連鎖を可能にするためには強い筋力を必要とします。そのため、筋力トレーニングも必要ですし、さまざまな状況でも対応できるように不安定な状態で行うバランス・トレーニングも必要です。このように全身のコーディネーション及び、各筋肉の発達や連動性を意識してトレーニングを行います。

また、体幹部を安定させたいと思ってトレーニングする人は、まず何よりも第一に呼吸に意識を置いて呼吸の機能をわたしたち人間が本来持っているレベルまで戻し、トレーニングします。きっちり鼻から吸えているか、きっちり吐ききれているかを意識するのです――それは胸郭（胸部の外郭を形成する部分。12対の肋骨、12個の胸椎、胸骨から成る〔図①〕）が上下左右前後全方向に広がりながら呼吸が入り、やはり全方向に収縮しながら呼吸が出ていく状態です。

このようにトレーニングに高いパフォーマンス効果を求める人たちは、結果を求める箇所に意識を強く向けて実施しています。

図①

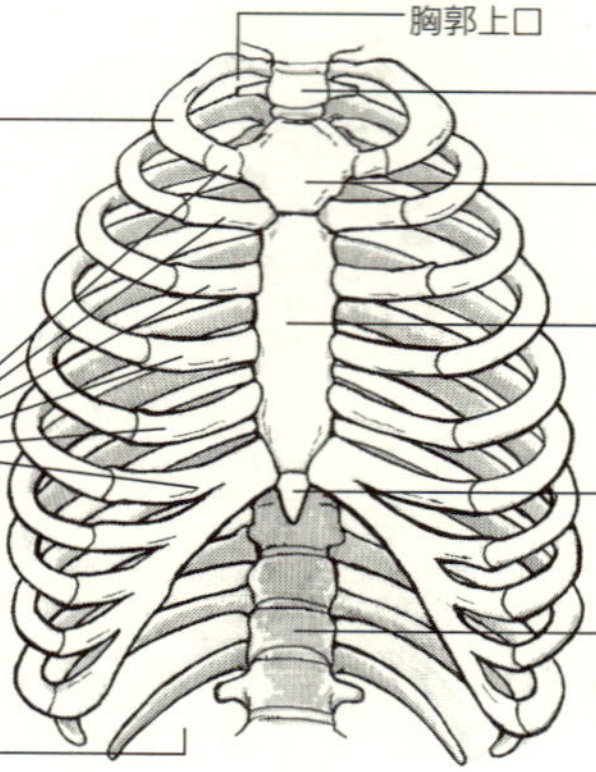

逆に具体的な効果を求めていないのなら、トレーニングやメソッドを実施してもあまり高い効果は望めないでしょう。

具体的なパフォーマンスの向上を求めていない人であれば、トレーニングを本格的に始める前にほかにやるべきことがあります。それは「正しい呼吸」です（第5章で後述します）。そのほうが体の基礎づくりに役に立ち、フィジカルにもメンタルにも数倍効果的です。

## トップ・アスリートにも体の硬い人はたくさんいます

みなさんには信じられない話かもしれませんが、「トップ・アスリート」と呼ばれる人たちのなかにも、体の硬い人は少なくありません。

わたしは長い間メジャー・リーグの選手たちを診てきましたが、彼らのほとんどにとってしゃがむことは難しい動作のひとつです。

わたしがいとも簡単にしゃがんでいるところを見て、彼らは「タカすごい！　お前、しゃがめるのか！」と驚きます（図②）。

ベースボールに詳しい方には、「プレー中、キャッチャーはしゃがんでいるのでは？」と思う人もいるかもしれません。じつは彼らはしゃがんでいません。多くの選手はクッション性を持つパッド入りサポーターを膝裏につけて大腿部と下腿部との間に3～5センチのスペースをつくり、半ば中腰状態で捕球するのです。つまり深くしゃがみこんでいるのではなく、中腰で立っているのです（図③）。

彼らを無理にしゃがませようとすると、股関節や足関節の硬さが邪魔をして後ろにボーンと転んでしまいます。

一般的なアメリカ人には恐らく「田植え」はできないと思います。無理にしようとすれば、膝や腰などを傷めるでしょう。農耕民族である日本人のように地面に食物を求め、土地を開墾してきた人たちにとって、深く座り込むことは比較的簡単なことだと思われ

図②

るのですが、遠くや高いところにあるものを生活のなかで捕獲することが多かったアングロサクソン、狩猟民族にとって、低くなる姿勢は難しいのでしょう。

西洋人の多くは和式トイレでの排泄《はいせつ》もできないはずです。なぜなら彼らは排泄時の例の姿勢では肛門括約筋に力が入らないのです。

逆に日本人は背景にある文化的生活様式によって、しゃがんでも肛門括約筋に力が入るので、排便をしやすいのです。とはいえ、使わなければ、退化していきます。最近の若い人が和式トイレを避けるのもうなずけると思います。

図③

では、なぜしゃがむことすらできない彼ら（ここではアメリカ人を例にお話しします）が非常に高いパフォーマンスを発揮できるかというと、体全体の連動性に優れているか

らです。

たとえば右ピッチャーがボールを投げるときの体の連動性を見てみましょう。

まずマウンドに設置されているピッチングプレートに右足外側部をかけ、そして右足に重心を保ちながら左足を上げ、その重心を左臀部を使い、体重を徐々にシフトしながら、打者側に移動していき、左足が地面についた力を体幹に伝え、右肩、右肘、右手首、そしてボールをリリースする指先に伝えていきます。

優れた連動性に関して、体の柔軟性はメリットをもたらしますが、その柔軟性が全身にあっても体の運動性、及び運動連鎖を高めることができなければ、逆に過度な柔軟性が関節や筋肉に不必要な負荷をかけてケガを引き起こす原因になることは大いにあります。

つまり「体が柔らかい」＝「すごくいいこと」というのは一種の〝信仰〟なのです。

そしてそれは恐らく日本人特有のものです。

体を柔らかくするために、過度なストレッチやトレーニングを行っている人がたくさんいますが、それは連動性や動きの向上などの体のパフォーマンスを上げることにはつながりません。

運動能力が高く、一般人には到底できないことができてしまうアスリートは、長い時間のなかでの経験や学習でその選択したスポーツの技術に必要な身体操作のパターンを多く持っています。また、いま、現役のアスリートであれば学生時代から柔軟運動や筋トレなど高度なトレーニング方法に接する機会もあり、技術と体の基礎能力の高さの両方を持ち合わせている人も数多くいます。超一流のトップ・アスリートは全体的に筋力値が高く、柔軟性も確保している人が多いのですが、プロ選手のなかでも筋力値は高いけれど柔軟性は劣っている選手はたくさんいます。もちろんそういった選手には柔軟性を高め身体操作を円滑にするプログラムが行われますが、体の柔軟性を高めすぎることでそのスポーツに必要な技術（野球であれば、バットをボールに当てることやコントロール性のある速いボールを投げるなど）のパフォーマンスが低下することも実際見てきました。

みなさんは、前年より筋力、柔軟性、安定性などの評価が10％以上上がっていたら、パフォーマンスも10％上がるのではないかと思っていませんか？　パフォーマンスに体のスコアが直結していればそうなるかもしれませんが、実際にはそのようなことはほぼありません。

もちろんパフォーマンスが上がることもありますが、一方で筋力や柔軟性が以前よりも上がることで、大きなスランプやケガを引き起こす選手もいるのです。

前年より体の個々の筋力値や柔軟性などのスコアが上がり、見た目も強い体になっていても、実際のパフォーマンスを見なければその選手のトレーニングが成功であったかどうかはわからないのです。

## 「柔軟性が高い＝可動性が高い」わけではない

多くの方が誤解しているのですが、柔軟性と可動性は同じではありません。

可動性とは、自分がコントロールできる範囲で動かせる動きの幅のことをいいます。

一方、柔軟性とはゴムのようにテンションのある（緊張した）状態から解放すると、ビヨーンと張力が減少して緩くなる状態のことです。つまり、柔軟性が高くても、その動きの幅でコントロールする（可動性）ことができなければ、不安定性だけが増してしまうのです。

残念ながら、歳を重ねると柔軟性と同時に可動性もだんだんなくなってきます。つまり筋力が減少し、関節をコントロールできる動きの大きさと関節の安定の両方を失っていく人が多いのです。

その理由はいくつかあります。日々の運動時間、運動強度、動作肢位変化（歩く、走る等で変わる四肢の位置のこと）などの不足により、脳、神経、筋肉の連動性が低下しやすくなっており、その状態が続いていくとその連動性を制御している神経回路がうまく働かなくなります。

体に柔軟性はある程度は必要ですが、安定性・可動性を阻害するものを過剰に求めるとケガにつながってしまいます。

結局大切なのは、柔軟性とともに必要な可動性とのバランスなのです。基本的に自分に合った動作のバランスを見つけることが大切です。「柔らかいからいい」ということでは決してありません。

それに先述のように本来、日本人の体は柔らかいのです。みなさんは「体が硬い、硬い」とネガティブ・ゾーンに陥っていますが、まず、その硬さとか柔らかさとは一体どういうことなのかということから、考えてみてください。

よく「子供は柔らかい。大人になるとどんどん硬くなる」と言われます（近年では小学生でも60、70歳のような動きをする子供がたくさんいますが）。これはおおかた事実ではあります。なぜかというと、大人になり、40、50歳になれば体をいろいろな形で動かすことが減る傾向にあるからです。加えて、成長で必然的に筋量が増えていきますが、その筋肉を常にさまざまな方法で動かす意識がなければ、使われない筋肉は硬くなってしまうのです。

また多くの人が「大人になるとどんどん硬くなる」と信じているので、「高校のときに立位体前屈測定で指先が着かなかったのだから、いま、着くわけがない」と思い込んでいます。

でも一般的には高校のときより、年齢を重ねたほうが関節を制限する筋肉の厚みと緊張が減少するわけですから、本当は柔らかい可能性が高いのです。

それでもみなさんが年とともに体が硬くなると思っているのは、体の柔軟性を考える際の測定の仕方がおかしいのだと思います。前述したように、立位体前屈は骨盤を前に倒すことを覚えたら、あっという間に床に手が着きます。つまり測定値は体の動かし方に左右されるのであって、純粋に関節の柔軟性だけが理由ではないのです。

たとえば20年前、つまり１９９７年当時のイチロー選手は「体が硬い」とよく言われていましたし、実際に一般的な柔軟性を測る測定値は決して柔らかいという数値を示していませんでした。しかし、その当時から彼の一連の動きはとても柔らかく、しなやかでした。

同様に、陸上の短距離、１００メートル走の選手は股関節の可動性が低い傾向にあります。可動性が低くないと、強い力を出す筋肉がつかない、すなわち地面を蹴る力が出ないからです。だから、１００メートル走の決勝に出てくるような選手は「ベターッと開脚」は絶対できません。

このように体の柔らかさだけが動きの良さをつくり出しているわけではないのです。

## なぜストレッチをすると柔らかくなるのか？

「でも、ストレッチをすると体が柔らかくなり、動きもスムーズになるのだけれど……」と思っているあなた、正解です。

ちょっとだけストレッチをすると、する前より体は柔らかくなります。

それはストレッチをしたことで体温が上がり、血行が良くなり血流量が上がった結果です。でもこれは放っておけばすぐに元に戻ります。

ストレッチをして動きがスムーズになった場合も同じで、ストレッチをしたあと何もしなければ30分後には血行が通常の状態に戻っているので、徐々に元の状態に戻っていきます。

最近ストレッチ施術を売りにしたチェーン店が人気のようですが、ここもこのような体の性質を利用していると思います。

たとえば初めての施術の際、最初に柔軟性を測りますと、「いまは腰がここまでしか曲がりませんね。60度ですね」という話になります。

それでストレッチを施したら、その時点で5度くらい深く曲がるようになります。これはある意味、当然の話です。体を動かしていなかった人が、ちょっとストレッチを受けて体を動かしたら、5度くらい深く曲がるのは簡単なのです。新しい刺激が体に入り、ストレッチでもともと動きの悪かった場所の血行が良くなり、筋温が上がるので、軽い動きで指先が床につくようになります。

それに感激した客に向かって、「週に2回、それで3週間通ってもらったら、これ改善できますよ」みたいなことを言います。実際に5度深く腰が曲がったわけですから、客は「あ、そうなるんだ」と思い、6枚つづりのチケットを買ってしまう。そういう構造になっているのです。

でもその3週間が終わって、その後何もやらなかったら、やはり元に戻ります。そういうことを知らない人が多すぎます。「何もしなかったら元に戻る」と思わないところが不思議です。

ストレッチをしてもらっても意味がないと言っているわけではありません。ストレッチをしてもらうことで、自分の体のなかで何が起こっているかを感じることがとても重要になります。トレーナーにストレッチをしてもらうことで体に対する気づきのきっかけになるのであれば、それはそれでいいのです。

もちろんトップ・アスリートであればトレーニングや試合での疲れの回復にパートナー・ストレッチは効果的ですし、体を動かしたいけれども自分では動かしにくいという人も、ストレッチしてもらうことで自分で体を動かし始めるためのスイッチになるでしょう。

しかし、わたしは思うのです。ただベッドに寝てストレッチをしてもらうだけで、自分の体が良くなって柔軟性が変化して、悩みを改善した人は実際にどのくらいいるのでしょうか？　もちろんそれをリラクゼーションのひとつとして受けている人はよいと思います。しかしながら、ストレッチで動きが良くなり、それが痛みの改善にもなり、体に良いと信じて受動的に施してもらっている人は、果たしてそのとき自分の体のなかで起きている反応を感じているのでしょうか？　自分の体に対して受け身でいる——これは日本人の特徴なのでしょうか？

ストレッチには、血行を良くして体を一時的に柔らかくする機能より、ずっと大切な役割があります。第四章で説明しますが、自分の体についての気づきを増やし、〝自由度〟を上げるきっかけになり得るということです。

## 体の柔らかさにこだわりすぎていませんか？

やたらと「体が柔らかい・硬い」とか「柔らかいとすごい」とか言っているのは、日本人だけではないでしょうか？

大切なことなので繰り返しますが、人の運動機能の高い・低いは体の柔らかさによるものではありません。もちろん柔軟性は必要ですが、運動機能の高さは体の各部の連動性によるものです。

先にも触れましたが、一般的にアメリカ人から見ると日本人の体は本当に柔らかいのです。

彼らからすると、日本人はしゃがめるのですごく柔らかいということになります。日本人の大半はそれができているのに、もっと体を柔らかくしたいとはどういうことなのだろうかという感じだと思います。

しかも体を柔らかくしたからといって、何か劇的にいいことが起こるわけでもないのです。

痛い思いをして脂汗をかきながら、「ベターッと開脚」ができたところで、何のメリットがあるのでしょうか?

まず痛いのはNGなのです。「痛み」というのは体が発している「これ以上やったら体に支障を来しますよ」という警告なのです。

そのうえ、普段痛みに耐えていると、その痛みに気づかなくなってくるのです。痛みというものは閾値《いきち》が上がってくるので、毎日つねられたら全然痛みを感じなくなります。ラグビー選手が多少のケガを痛がらないのと一緒です。

ここで触れている「痛み」は他者との接触や衝撃で生じるものではありません。自らの意志で自らの体に負荷をかけての痛みです。

これを感じなくなるのは体からの警告に気づかなくなるということです。同時に繰り返し起こる痛みを体(脳)は記憶していますから、痛みが起きた状況に近いことが起こると、組織自体に痛みを発生させるようなことが起こっていなかったとしても、脳が痛みが発生すると仮定して、痛みを発することもあります。痛みを感じながらストレッチをすることは、さまざまな意味でいいことではないのです。

## 「チキン・レッグ」という言葉をご存じですか？

アメリカの話ばかりで恐縮ですが、上半身ばかり筋トレして脚の細い人が「チキン・レッグ」と呼ばれているのをご存じでしょうか？

鍛え抜かれた上半身が筋肉隆々に発達し、その半面、放置された下半身は一般の人と同様の状態です。まるでニワトリのように脚だけが華奢《きゃしゃ》な人たちを揶揄《やゆ》しての言葉です。あらためて申し上げることではありませんが、物事はすべてバランスが保たれて安定するものです。

彼らの体は極めて大きくバランスを欠いているので、数年後が心配です。長い間トップ・アスリートから一般の人まで、多くの人たちの体を診てきたわたしの目には、彼らの行く末がとても危ういものに映るのです。

先日、アスレティック・トレーナーである妻が海外のクリニックを見学に行ったときの話をしてくれました。トレーニングにより筋肉もついて、見た目には体が鍛えられた30代の男性が、腰から足への神経に走る痛みで10分以上座っていられないという症状で、そのクリニックの理学療法士さんの施術を受けに来ていたそうです。

その人は10年以上空手を経験し、その後とくに上半身の筋トレに時間を費やしたそうです。その理学療法士さんによると初めてクリニックに訪れた半年前は、お尻の筋肉の盛り上がりがまったくなく、通常では考えられないくらいお尻の筋肉が発達しておらず、逆にくぼんでいたそうです。理学療法士さんが「こんなに平らなお尻の人は初めて見た」と言ったくらいお尻の筋肉がなかったということです。

彼の話を聞いてみると、空手をやるために無理やり股割をして股関節に痛みが発するまでストレッチをしたり、上半身のシェイプを出すために上半身ばかりを鍛えていたそうです。

彼は上半身と下半身のバランスを欠いているだけではなく、無理なストレッチにより神経系と体の構造に不必要な負荷を与え、痛みに耐え、体の構造的にも問題が生じてしまったのです（彼には腰椎の3か所にヘルニアがあったそうです）。

じつはこの男性のような人はよく見受けられます。上半身が筋肉隆々で逆三角形になって、見た目がすごく格好いい人は、一部の筋肉を肥大させるために、ある種の〝無理〟を体に強いています。体のバランスを欠いた状態で負荷をかけた動きを反復すると、体全体の連動性がだんだん減っていきます。

たとえば上腕二頭筋（いわゆる力こぶの筋肉）を肥大させるためにカール（ダンベルなどを持ち、上げ下げするトレーニング）を数セットやるわけですが、この動きは体の片側だけを使う「一側性」のものです。だからこれだけを続けると、その体の部位はほかの可能性のある動作をしなくなり、体本来が持つさまざまな連動性が低下していきます。

つまずいてしまって、体を立て直そうとする際、多くの人は地面に手を着かなくても自然と足が一歩前に出て体を支えることができるでしょう。

でも動作のトレーニングをせず、体の一部位をある一定の動きだけで鍛えている人たちは、体全体の連動性が著しく欠けることにより足が瞬発的に出ないため、一番鍛えている手に頼ってしまうことがままあります。つまり、足が動かずにバランスを崩し、手を着いてしまうということです。

脚には最低限の筋肉しかついておらず、一方で腕には筋肉がたくさんあるので、無意識のうちに腕の筋肉に頼りすぎてしまうのです。この場合は腕に筋力があるからできるわけなのですが、もしもその筋力もなくなってしまったら、手に頼ることすらできなくなります。

このように、ただただ筋肉を大きくすることの弊害のひとつは、体の動きが悪くなるということだと思います。

スポーツの動作だけでなく日常の動作は、本来は体全体の連動性で得られるバランスや、横隔膜をきちんと動かして行う深い深呼吸によって得られる体幹の安定性で対処することなのです。

つまり、別に強い筋力がなくても、体勢の再現性――たとえばバランスを崩して転びそうになったときに立て直す能力――は体の連動性を育てることで高く保てるのです。

安定した状態の体が長時間維持できている人や、歳を取っても柔道や合気道など武道の達人であり続ける人は、一部の筋肉に頼ってはいません。筋力に頼らなくても動きがきれいで滑らかというのは、体の各部の連動性が高いからです。

合気道などの武道は、いかに自らの体の連動性を上げ、それを状況に合わせた力に変えることを目的にしている運動ですから、あらゆる方向の力に対応できます。しかも大きな力は一切必要なく、体の一部の筋力に頼る必要がないので、体が筋肉隆々逆三角形の武道家はいません。

要するに「華奢だけれど連動性（運動性）の高い体」と「逞《たくま》しく見えるけど動けない体」のどちらを選ぶのですか？　ということなのです。

ダイエットに勤《いそ》しむ人も同様なのですが、〝見た目〟や〝カッコ良さ〟だけを重視するせいで、極端に偏ったトレーニングや食事制限をするケースが数多く見られます。

そのような人たちは、自分がこれから先、その体で何十年も生きていくことを長い目で見て考えているのでしょうか？　わたしには疑問に思うことがよくあります。

人間はやがて老います。いきなり老いるわけではありませんが、誰もが少しずつ「衰えて」いきます。バランスを欠いた体であっても、若いときなら体自身が自然にリカバーしてくれますから、その不具合が表に出ることはありません。

しかしながら、歳を取るとリカバー能力も鈍化します。そして長期間、理に適っていない使い方を続けた結果、若いころに繰り返した極端に偏ったトレーニングや食事制限の弊害に悩まされることになるのです。

実際に体の痛みや動きの不調を訴える方のお話を聞くと、若いころに体に無理を強いながら走っていたり、痛み止めを飲み、ごまかしながら運動をしていたという人が多いことに気づきます。「この痛みはいつごろからですか？」と、お聞きすると10年、20年とその痛みを抱えて生きている人の多さに驚きます。「それでもなぜそのときに運動の仕方を変えなかったのか」とお聞きすると、「若いころは少し無理をしてもどうにかできたから。でも歳を取ってきたら無理も利かなくなってきた」と言われます。

〝見た目〟や〝カッコ良さ〟自分の〝やりたいという思い〟だけに囚《とら》われて、その場限り、そのとき限りの満足を追求すると、あとで大変なしっぺ返しに遭《あ》います。それでもあなたは〝見た目〟や〝カッコ良さ〟にこだわりますか？

第2章

# 開脚ベターッは「ハイパー」な状態

## 人間の体はトレーニングによって「ハイパー」になり得る

「ハイパー」という言葉は日常的に聞くと思いますが、あらためて『広辞苑』で調べてみると、以下のように記されています。

〈ハイパー【hyper】「過度の」「超越した」の意。「スーパー」よりさらに強い意味で用いる。〉

人間の体のポテンシャルは、非常に高いもので、トレーニングのやり方次第では結構いろいろなことができるようになります。

たとえば、リオ・デ・ジャネイロ・オリンピックで、日本の選手が大活躍した体操競技を考えてみてください。あのようなアクロバティックな演技、簡単にはできません。でも、選手たちはいとも簡単にとは言いませんが、軽々とやり遂げています。これは幼少期から繰り返された、厳しい動きの鍛錬の結果です。

つまり体操競技の演技ができるようになることを目的としたトレーニングを積み重ねれば、トップのレベルはまた別の話になりますが、ある程度のことは誰でもできるようになるのです。

そのことを前提にして「開脚ベターッ」について考えてみます。体操競技同様、「開脚ベターッ」もそのやり方を学び訓練を重ねれば、誰でもできるようになります。でもできるからといって、それがいま、そしてこれからのあなたに何をもたらすのでしょうか？

たとえば、相撲という特別な「予期せぬ方向から巨大な負荷が下半身——股関節や膝関節、それから足首など——にかかる競技」をするのであれば、股関節がバンと開いたほうが圧倒的にケガのリスクが低くなります。予期せぬ方向からの力を吸収しつつ、可動性を幅広く持つことで対応することができるからです。

しかし、股関節がバンと開くというのはハイパーな状態ですから、それを支える筋力を鍛えなければ、股関節に安定性がないため逆にケガをしやすいという二面性を持っています。

どういうことでしょうか？

股関節や肩関節は球状の骨頭と丸い凹状の関節窩《かんせつか》が組み合わさった、いわゆる臼関節（球関節）（図④）です。臼関節という構造的に不安定な関節には「遠心性」と「求心性」という相反するふたつの力が、バランスを保ちながらかかることが不可欠です。

「遠心性」は、骨頭が関節窩から離れていく動きです。これが「開脚ベターッ」のような状態で、一般的にはこれが「柔らかい」と見なされているようです。

図④

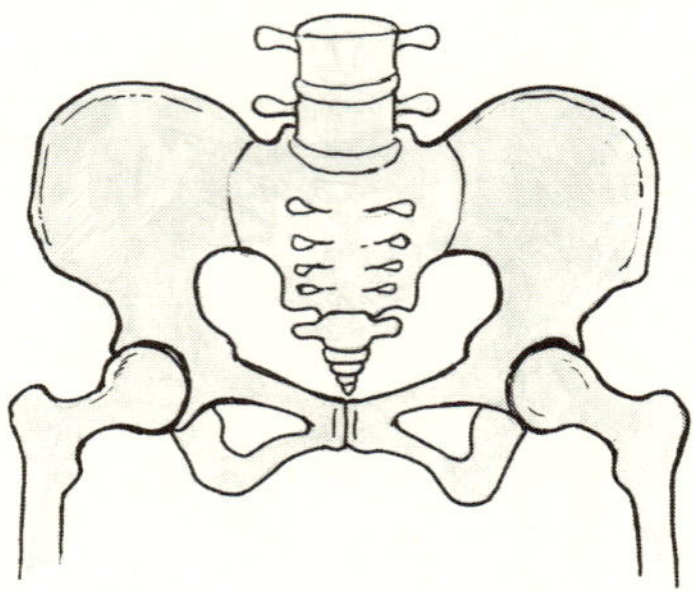

野球のピッチャーで速い球が投げられる人は、肩の骨頭が少し落ちて——肩の関節窩から離れて——います。離れることでそこにスペースができて、可動性が高くなるからです。

可動性が高ければボールにかかる力がより強くなる可能性も高まりますから、速い球が投げられるというわけです。

でもある意味、こういう肩の人は構造的に脱臼しやすいのです。それで肩関節をサポートすることが必要になります。要するに肩をしっかり、脱臼しないように求心的なサポートをする筋肉が必要なのです。

つまり「遠心性」と「求心性」の両方がバランス良く併存し、安定しているのが、いい野球選手の肩であるわけです。これは股関節についても同様です。

ある瞬間はグッと締まり、別の瞬間はフッと緩まる。そのようなふたつの相反する特性が良い動きには必要です。

よくある誤解なのですが、「体が柔らかいとケガをしにくい」と言われます。でも、ただ柔らかいだけだとグッと締まる筋肉の力が弱い。要するに関節を守るほうの力が抜けやすいのです。

股関節が柔らかくて、「開脚ベターッ」ができるだけで、筋力を軽視していたら、股関節の周りの関節に付随する筋肉が頑張って支えなければいけなくなり、股関節そのものの問題だけでなく、膝や腰を痛める原因となります。

とくに女性は出産等の影響で男性よりも股関節を亜脱臼している人がよく見受けられますし、股関節回りの筋力が落ちている人も多いので、体が柔らかいからと「開脚ベターッ」〝だけ〟ができるようになるのは、危険だと思います。

## 体操選手はなぜ走り方がぎこちないのか?

スポーツという切り口で見てみましょう。スポーツではレベルが高くなればなるほど、体をどう使うかということが大切になってきます。レベルが高くなればなるほど、体の使い方は偏る傾向にあり、自分のスポーツの動きは上手にできるけれども、それ以外の動きはまったくできないアスリートも多くいます。

たとえば、体操の選手は「開脚ベターッ」ができます。でも跳馬の演技を見るとすぐわかりますが、彼らの走り方は非常にぎこちなく見えます。

彼らの柔軟性は、体操競技には適していますが、一般的なきれいな走りをするには適していない。

一方、陸上短距離１００メートル走の選手は開脚が90度にも満たない。しかし、いざ走りだしたら、非常にきれいで柔らかい動きをします。

それこそが本当の〝柔らかさ〟だと思うのです。止まってストレッチをしているときの柔らかさと、動いているときの柔らかさは違います。もちろん両方を目指したほうがいい。

ただハイパーに柔らかい人は、見た目は柔らかく見えるけれども、動いたら硬いというケースが非常に多く見られます。ゴルファーもゴルフの動きに必要な柔軟性は非常に高いけれども、それ以外の体の部位は硬いことも多く、ほかのスポーツをさせると「冗談ですよね⁉」と目を覆いたくなるプロはたくさんいます。

柔軟性が動きを変えるといっても、それと動きが良くなることは別ものなのです。

体操選手を例にとれば、柔軟性が高ければ、本当はもっときれいな、陸上選手よりもきれいな走り方をすると思うのですが、前述したように彼らの走り方はとてもぎこちなく見えます。

少し話が脱線しますが、日本代表クラスの体操選手になると、引退したあとの体のケア、メンテナンスに相当苦労するそうです。それだけハイパーな状態に自らの体を追い込んでしまっていて、日常の生活に必要な体ではなくなっているのかもしれません。

世界大会やオリンピックで多くの国民を勇気づけてくれる活躍をした彼らなのですから、引退したあとの人生を健康に過ごすために必要な体のケアやメンテナンスを安心してじっくりできるような環境をつくるべきだと思います。

そしてこれは、わたしたちトレーナーの担うべき役割のひとつだとも思います。

## 安全な「開脚ベターッ」もある？

「開脚ベターッ」のできるバックボーンとして、「幼いころから新体操をやっていました」とか、「もう10年以上もかけて運動をするなかで柔軟性を高めていきました」という人は、問題は少ないと思います。そして「股関節も180度開く」し、「踵《かかと》を床に着けたまま座り込むこともできる」し、「背中に両手を回してつなげます」など、「ほかの関節の動きもおしなべて柔らかい」というのなら、無理なく体全体が柔らかくなっているので、理解できます。

ただし、普段まったく体を動かしていない普通の人が、いきなり「開脚ベターッ」だけを目指してトレーニングを重ねたら、危険のほうが多いのです。股関節のストレッチだけをやって、ほかの運動はせずに、股関節だけ柔らかくなったというアンバランスな体は、のちに弊害をもたらすことが考えられます。

さらに悪いことに、もともと先天的に関節がすごく柔らかい人がとくに女性には多いですから、そういう人は短期間で開脚ができるようになります。「なんかわたし、できちゃった」みたいに。

これは自己肯定感は高いでしょうが、実際に体に起きていることは結構危険です。

筋力が低下した関節の動きをコントロールできない状態での過剰な柔らかさは、神経にとっては危険信号になります。関節の不安定性（筋力の低下、動きの不安定さ、不自然な動き）を感じると、脳は体が安全な状態ではないと判断し、神経の働きを制限するのです。また、制限を受けて「やりたい動き」が難しくなるのですが、それは動きを変えることで対応します。そのため、偏った動きになり、継続すると、いずれは痛み（＝脳がわたしたちに間違いを知らせるシグナル）となってわたしたちに届きます。

体に痛みを抱える年配女性が、関節の柔軟度が高い人に多いことを知ってもらいたいと思います。

では「開脚ベターッ」ができつつ股関節を守るためには何が必要なのでしょうか？

これはお尻の筋肉——大殿筋、中殿筋や梨状筋、腸腰筋など（図⑤）——、要するに股関節回りの筋肉群を鍛えることによって股関節を締め、大腿骨の関節頭が必要な安定性を持ち、外に向かう、つまり関節窩から離れていくのを防ぐということ

図⑤

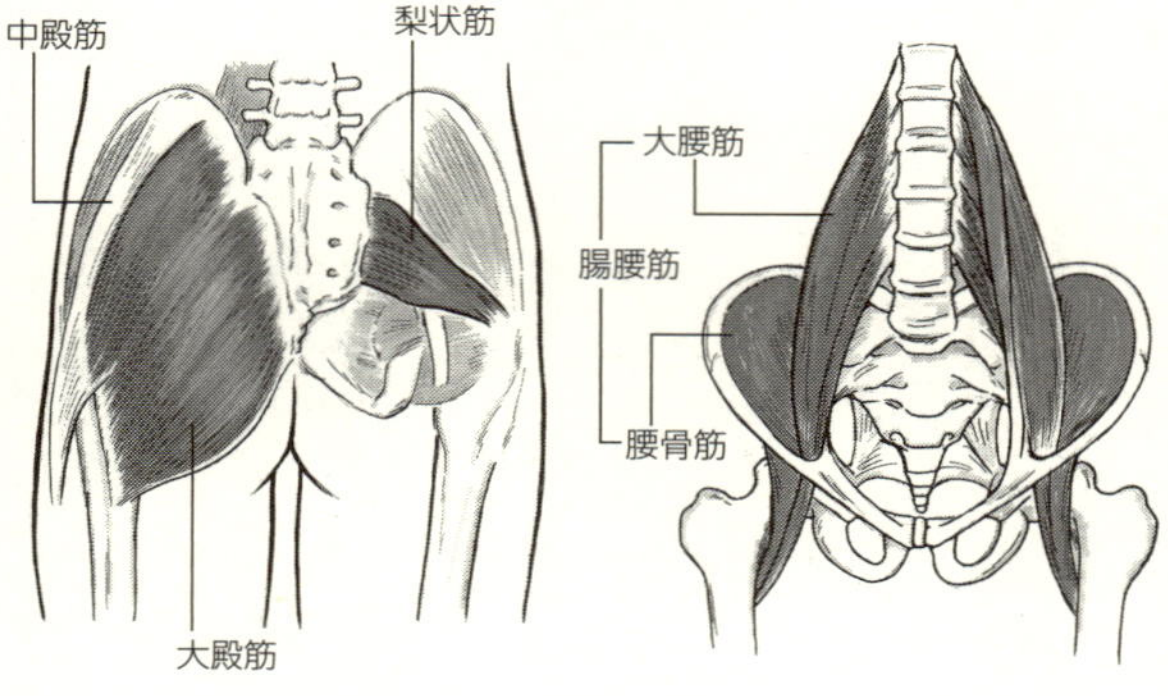

です。

「開脚ベターッ」ができ、お尻の筋肉群が鍛えられているのだったら、それが一番いいと思います。機能的に動けるお尻の筋肉量があって、さらにその使い方も適切で、エクササイズもしっかりできているのだったら、動きの質が高い状態をつくれると思います。

しかしながら、単に体の柔らかい人が、ただ「開脚ベターッ」だけをやる。その人がまだ若いのならまだしも、もし高齢の人がやってしまったら、靭帯の硬さ、腱の伸張性の低下からくる可動性の減少もあり、危ないことのほうが多いと思います。

先述のように、人の体は関節の構造上、やり方によってはだれでもハイパーになり得るのです。それは年齢に関係がありません。高齢の人でも継続的に鍛錬すれば「開脚ベターッ」はできるようになります。

でも人間は歳を重ねると確実に筋肉量が落ちます。高齢の人が股関節亜脱臼を未然に防ぐだけの筋肉量を持つには、相当なエクササイズが必要になります。

申し訳ありませんが、60代や70代の女性が筋トレなしで過度なストレッチだけをやっているのには、大きな「?」が付きます。

結局、股関節は柔らかいけれど、その柔らかさが周りの足関節や膝関節とうまくつながっていない、つまり股関節からつま先までの体の連動性がないことで、ちょっとした段差でつまずいたりする可能性もあります。

股関節の柔軟性と、その周囲の柔軟性が一致しないことで、自分では足を上げたつもりでもつま先は上がっていないかもしれません。加えて歳を重ねると、視力の低下とともに空間認識能力も落ちることで、自分と周りとの距離などの関係性を上手に認識できずに、転んだりぶつかったりすることが増える傾向にあります。

高齢者の足の骨折による活動低下は、寿命を縮めると言われており、転んでしまって骨折でもしようものなら、寝たきりになるなど、取り返しのつかないことだって想定できます。体をどう整えていくかは本当に切実な話なのです。

## 体は自分だけの大切な〝乗り物〟

そういう取り返しのつかない事態を防ぐためにも、日常的に自分の体が「いま、どれくらい動けるか」ということを意識しておきたいものです。自分の体が〝乗り物〟だと思ってください。そのうえで、たとえば「今日は80％しか動けないようだ」とか、「マックスの70％以上の負荷をかけたら今日の体は安定しない」などと理解できていたら、それによって行動を変えられます。一流選手は自分の体に対する気づきの意識が高いのです。

わたしたちは往々にして「自分はいつも同じ状態だ」と思いがちです。しかし、アスリートでも、体の状態は日々変化しているのです。一般の人たちはアスリートと違って、日々トレーニングで自分と向き合うことが少なく、食事や日常生活に制限がありませんから、もっと大きく変化しているはずです。

体が変化しているからこそ、「自分の体はいまこれぐらいだから、今日はこうしよう」「今日はハムストリングが張っているから、下半身の強度の高い筋トレは控えよう」とか「今日は呼吸が背中によく入るから、いつもの駅の手前で降りて、長距離を歩いてみよう」――こういうジャッジができるなら、体への気づきの力があり、操作性の高い体に近づいていると言えるでしょう。

いまの状態を正しくジャッジできないと、本当は無理なのに頑張ろうとしてしまいます。これこそケガのもとなのです。ストレッチをする大切な意味は、体を柔らかくすることだけではなく、自分のいまの体の状態と向き合い、気づきを得ることだということを忘れないでください。

## 心拍数を上げる運動も必要

ここまで体の動きをどう考えるかということを、ストレッチというひとつの動きをテーマにお話ししてきましたが、「ストレッチだけをしておけば健康に過ごせるのか?」という疑問もわいてくると思います。

同年代の方やもう少し年配の方にお会いして健康についてお話をしていると、「全然体を動かしていないけど、歳をとると体が硬くなるっていうから、ストレッチでもしておけば少しは老化の予防になるかなぁ?」という言葉をよく聞きます。

体を動かすことが必要と思っていることはとても大切ですが、40代になったらスタティック・ストレッチ（静的ストレッチ）。反動をつけずにゆっくりと筋肉を伸張し、その状態を数十秒間保持するストレッチ）のような静的な動作だけでなく、より心拍数を上げる運動もある程度の頻度――最低でも1週間に2回くらい――行う必要があるでしょう。とくに40代以降になると、成長ホルモンがだんだん出なくなっているのでなおさらです。最低1週間に2回はバーッと心拍数を上げて、心肺機能を刺激する状態をつくるべきだと思います。それによって成長ホルモンの分泌を促すのです。

「もう年齢的に〝成長〟する必要はないから、成長ホルモンの分泌を促す必要はないのでは？」と思われる方もいると思います。

成長ホルモンは文字通り体の成長を促しますが、それだけではなく免疫システムを刺激し、脂肪の分解の促進や、やる気や集中力などの精神的な部分の向上にも関係してきます。また生活に必要な筋力の維持や骨の強化にも大きな役割を担っているため、軽んじるわけにはいきません。

その成長ホルモンの分泌は、40代を過ぎると一気に減少していくと言われていますが、それも人によってさまざまです。運動をすることで成長ホルモンの減少を緩やかにすることができると言われています――つまり若々しさを保つことができるのです。運動といってもただ体を動かせば成長ホルモンの分泌が増加するわけではなく、筋肉がストレスを受けると発生する乳酸という物質が成長ホルモン分泌のカギとなります。つまり筋力トレーニングやスロートレーニング（ゆっくりとした動作で筋肉の動きに意識を集中して行う筋力トレーニング。関節や筋肉を痛めることなく、心臓に負担がかからず、筋力増強に効果があるとされている）で筋肉に負荷をかけることが大切なのです。

また有酸素運動によっても成長ホルモンの分泌が増加するので、速歩き程度の運動を週に5回、1日30分程度（何回かに分けて、合計30分でも構いません）することも有効と言われています。

ストレッチで体が柔らかくなっただけでは成長ホルモンの分泌は増加されないので、若々しさとやる気にあふれ、免疫力の高い体を保ちたければ、筋肉を刺激する運動と有酸素運動（緩やかなジョギングなど）が大切になります。

## 殿筋を意識しよう

先ほど股関節のハイパーな動きはその関節に不必要な負担がかかる可能性があるということをお話ししましたが、股関節を安定させるために最も必要なことは大殿筋、中殿筋などの殿筋群を意識的に使えるようになることです。

日本人は殿筋に対しての日常的な意識が欧米人、南米人より低いように思います。日本人を含むアジア人の骨格と欧米、南米の人たちの骨格とは違います。その異なる部分のひとつが骨盤の傾きです。

アジア人の骨盤は欧米人、南米人たちより後傾しています。後傾している場合、重心位置が体後面にある状態になりやすく、体重も踵《かかと》にかかりやすい状態にあります。立っている場合でも大腿部前面、下肢前面の筋肉に力感、意識が入りやすいのです。

それに比べ欧米人、南米人などの人たちは骨盤が前傾していて、重心位置が体前面にある状態になりやすく、体重は足先側にかかりやすい状態（前方への推進力が強い）にあります。立っている場合では臀部から大腿部後面（ハムストリング）に筋肉の力感、意識が入りやすいのです。

民族的な違いをお話ししましたが、日本人のなかにも、骨盤が前傾している人はいますし、欧米人でも比較的後傾している人ももちろんいます。

同じ体でも骨盤の傾きひとつで体のなかで起こっていることは異なっているのです。

この骨格的変性の違いが何万年にもわたって存在しているということであれば、何万年もの間、アングロサクソン系の人たちは無意識に大腿部後面（ハムストリング、臀部）を使っているわけです。ということは、歩行の際にもわたしたちよりその部分が使われ、鍛えられていきますから、筋肉が成長、肥大していき、その体の形成が何世代にもつながり、現在の骨格になっているのです。

最近、陸上競技の短距離種目で日本人の活躍が目立ちますが、彼らのトレーニングには骨盤を意識的に動かすことを用いたトレーニングプログラムが多く入っています。

欧米人なら無意識に行っていることも、わたしたち日本人はかなり意識的に骨盤の動きをコントロールしないと、前方への推進力を得るのは難しいことなのです。

## 日本人にはお尻がない？

シアトル・マリナーズで働きだしたころ、ある南米の選手に質問されました。
そのとき会話はこんな感じでした。
南米選手「日本人はなぜお尻がないの？」
わたし「え、お尻はあるよね？」
南米選手「いやいやないよね？　横から見たらフラットだよ」
わたし「？？？」
南米選手「日本人の女の子は顔はキュートだけど、お尻がないから、魅力的じゃないんだ」
わたし「そうなの？　お尻がないと君の国では魅力的じゃないの？」
南米選手「僕の国だけじゃないよ、隣国のどの国の人たちも同じことを言うよ」
わたし「えー嘘だ。じゃほかの選手にも聞いてみるよ」

わたしはそう言ってほかの3か国の選手たちに聞いてみましたが、同じ答えが返ってきました。

どうやら大きなお尻でないと南米の諸国では魅力がないと言われる傾向にあるようでした。ですから、お尻が小さな女性はインプラントをお尻に入れることもあるようですし、大殿筋や中殿筋、大腿部を意識したウエイトトレーニングを上半身よりも多くやるということも教えてくれました。

わたしたち日本人からするとその形、大きさは滑稽《こっけい》に見えるかもしれませんが、お尻から大腿部の大きさが、女性の魅力をアピールする大切な部分なのです。

## 日本の若者によく見られる傾向

骨盤の動きのコントロールが体の動きを変えるということは少し理解していただいたと思いますが、わたしが最近とても気になるのが、日本の10代の若者の姿勢と動きです。

駅のホームで電車を待っている彼らの立ち姿、階段を上る動きなどは、とても10代とは思えないほど、非常に不安定な状態であると感じます。

人間は自身のバランスを保ちにくくなると何かにつかまりたくなるものです。それで近くにある手すりや柱などに自分の体重を一部預けるような姿勢をとります。駅のホームで手すりや柱に体を預けて電車を待っている若者のなんと多いことか。

また、階段を上るときには足を上げなければなりませんが、その足を上げるときに支えとして働く殿部の筋肉（主に中殿筋や小殿筋）がうまく働かず、足を引き上げられない状態で歩いてしまう若者が増えているように思います。しっかり足が引き上げられていないので、サンダルやパンプスを引きずるように歩き、靴の音が大きくなってしまいます。こういう傾向が見られる人は、歩くときに頭やお尻を左右に振ってバランスをとる傾向にありますが、これをトレンデレンブルグ徴候と言います。

歩行時に頭を左右に振りながらも、体幹部も左右に歪《ゆが》んでバランスをとっている人もいます。これをデュシェンヌ徴候と呼びますが、両者ともに原因は殿筋が機能的に使われていないことです。足を引き上げることができず、それでも無理に足を引き上げようとした結果の代償運動として起こっている現象なのです。

このような状態に陥らないためにも、立っているときも、歩いているときもお尻に意識をおいて動作を始めてみてはいかがでしょうか？

# 第3章

# 〝自由度〟の高い体こそ大切

## 〝自由度〟の高い体とは？

わたしは常々、アスリートでも一般の人でも、老若男女問わず、本質として〝自由度〟の高い体を目指すべきだと思っています。

では、〝自由度〟の高い体とは何でしょうか？

ズバリ「こうしたい（体をこう動かしたい）」と思ったイメージを忠実に実現できる体です。

「えっ、そんなこと誰でもできることなのでは？」と思われるかもしれません。

ここから〝自由度〟の高い体について、わたしの思っていることを、以下述べていきます。

「スポーツクライミング」という、２０２０年の東京オリンピックで正式採用になる競技があります。そのうちの「ボルダリング」は、５メートル以下の高さの壁に固定されたホールド（人工の石のようなとっかかり）に、ロープを使わずに足や手をかけながらよじ登る競技です。

この競技の選手たちは極めて〝自由度〟の高い体の持ち主だと、わたしは思います。頼りになるのはホールドだけで、それを、四肢を使って支えにして、瞬時に「次はこのホールドを使おう」と判断して登っていく。わずかな「判断」の間違いがあれば、あっと言う間に落ちてしまいます。

仮にその「判断」に間違いがなくても、体が「判断」通りに動かなかったらどうなるでしょうか？　十中八九落下してしまうでしょう。わたしがここで言う「体が『判断』通りに動かない」というのは、物理的にはじつにささいなことで、恐らく数ミリから数センチの誤差です。日常の生活では許容範囲でしょうが、ボルダリングでは致命傷です。

つまりボルダリングの選手は「こうしたい」と思ったことをほとんど誤差なく実現できる体の持ち主なのです。

これこそ〝自由度〟の高い体の一例です。別の言い方をすれば、どのスポーツをしていても、ほかのスポーツ・動きを試すときに、容易にその動きに無理なく対応できる体が〝自由度〟の高い体と言えるでしょう。

しかしながら、トップ・アスリートと呼ばれる人たちでも、この〝自由度〟の高い体に対する理解がない、そんなケースが散見されます。

## テーピングをすることの意味

Jリーグでもプロ野球でも、テーピングでガチガチに固めている選手をよく見ますよね？　満身創痍《まんしんそうい》でも試合に出てチームのためにプレーする。とくに日本では「プロの鑑《かがみ》だ」と称賛されがちです。

トレーナーのわたしから言わせると、もしテーピングで固定をしなければプレーできないほど体を痛めているのであれば、「いますぐ休んでほしい。わざわざ選手生命を短くするようなことをしているし、きっと引退後も後遺症に悩まされることになる」ということになりますが、ここではそのことを指摘したいのではありません。

そのテーピングでガチガチに固めている選手が、もしまったくケガをしていなかったらどう思われますか？

じつはそういう選手が、みなさんが思っている以上に多いのです。では、ケガもしていないのになぜ彼らはテーピングでガチガチに固めているのでしょうか?

それは「ケガの予防」のためです。

たとえば、わたしが実際にメジャー・リーグで働いていたとき、先発ピッチャーのほとんどが足関節（足首）にテーピングをしてスパイクを履いていました。さらに選手によっては、ミドルカットとかハイカットの、足首が補強されているスパイクを選んで投球に臨みます。

ケガ予防ということでやっているので、ある意味では正しいのかもしれません。

しかしながら、確実に自らの足首の動きを制限しています。パフォーマンスという観点からすると、足関節をテーピングすることによってとくに足首の横の動きに制限をつくるわけですから、運動連鎖のレベルは確実に落ちています。

より高いパフォーマンスを求める立場にあるアスリートが、自らの選択でそのレベルを落としている……そんな不思議なことがトップ・レベルのプロの世界でさえもあるのです。

じつはケガ予防という観点からも、足首の横の運動制限をつくるということは問題があります。テープで固めるということは、自らの筋の働きを減少させてテープに頼っている状況をつくっていますし、その関節が持っている可動性を制限してしまうことになり、本来ある運動連鎖の流れを変えてしまいます。体をより良く動かすうえでも、関節を安定させる筋肉を鍛えるためにも、フルに可動性があることはとても大切になります。

先に、速い球を投げるピッチャーは肩関節が脱臼しやすいので、その周辺の筋肉を強くして脱臼を未然に防いでいると述べました。足首も同様で、テーピングなどで安易に固めたりせず、神経と筋肉のコーディネーションを考慮して、筋肉を鍛えて関節を安定させればいいのです。そうすればパフォーマンスのレベルを制限することなく、より良いケガ予防が可能となるのです。

## 自分との対話……ヨガの効能

じつは体の〝自由度〟、もともとわたしたちは持っていました。生まれたばかりの赤ちゃんのときのことです。その後、動作する能力が向上するとともに3、４歳くらいから少しずつ〝自由度〟が失われていくようです。

赤ちゃんのときは〝自由度〟をしっかりと持っていたのですが、成長するとともに筋肉の発達と動きの習慣性によって、体の操作バランスを部分的な筋力に頼りすぎ、体の〝自由度〟が失われていくことになるのです。

多くの人にとって日常生活における体の使い方は、それぞれの部位関節一つひとつの働きよりも、大きな表面的な筋肉に頼りがちです。でもその大きな表面的な筋肉を多用することには、体の繊細な操作性と安定性に必要な深部の筋肉の働きを低下させるという弊害があります。また現代社会では避けられないのかもしれませんが、心理的な緊張は同時に体（筋）の緊張を生み、体の〝自由度〟を低下させます。

赤ちゃんのときは本能的に無意識に体を自由に動かせていましたが、〝自由度〟を失ってしまった大人になってからも、意識すればきちんとできるようになります。ちょっとしたトレーニング——第６章で紹介していきます——を続ければ、「体のこの部分をこう動かそう」と思って、その通りにできるようになるのです。

意識的に体の各部位の働きを感じながら動くことを長く続けていけば、それは次第に無意識にできるようになります。つまりわたしたちがもともと持っていた〝自由度〟を取り戻すことができるのです。だから体に意識を置いたトレーニングを日々の生活のなかで続けていただくと、体にかなり良い変化が生まれます。

そういう意味でわたしはヨガや太極拳などをお勧めしたいと思うのです。ヨガはポーズを取りながら、自分の体がいまどういう状態にあるのかに意識を置きます。これこそ自分の動きを通した内面との対話のひとつです。

また、ヨガは呼吸を非常に重視します。わたしたちは自分の内臓の働き――胃や腸の消化活動、心臓の血液循環活動など――を自らの意識でコントロールできません。でもひとつだけ例外があります。それが呼吸です（第5章で詳しく説明します）。

呼吸は交感神経（攻撃モード）と副交感神経（リラックスモード）の活動と深い関係があり、メンタルをコントロールするのにも有効です。ヨガの効能は現在世界中で研究されており、体の柔軟性を高めるだけではなく、呼吸の力の向上、そしてそれに伴う筋力の増加や筋持久力の向上なども指摘されています。また記憶力などに関係する認知機能の改善やがん治療の回復期の精神的なサポートなど、さまざまな側面でヨガの効能に注目が集まっています。つまり日常的にヨガを採り入れることは、フィジカルにもメンタルにも有用ということになるでしょう。

ヨガには体をねじるポーズがたくさんあります。とくに胸部や腹部をねじるポーズは、いろいろな内臓に刺激を与えると考えられています。これにより内臓にもいろいろな刺激への対応性が生まれ、ひいてはその活動が活性化され、心身の改善につながると考えられています。

太極拳はゆっくりとした動きをしますが、その動きにリンクしてゆっくりと自然に自分の呼吸に意識を向けます。動きと呼吸がつながっていると、とてもスムーズで体に適度な緊張を生み出す動きになりますが、動きと呼吸がつながらないとどこかぎこちなく、不要な緊張が体には不快に感じる動きをつくってしまいます。

ヨガや太極拳は動きと呼吸の連動性の大切さを教えてくれます。

体の〝自由度〟が上がれば、体の連動性が増し、１か所に負担をかけることが少なくなり、ケガや病気のリスクを減らせます。そして何より普段から自分の体の動きと向き合っていれば、体の調子が悪くなってきたら、どこの動きが悪いのかに気づけます。そのことで、体にどういう異変が起きているかに、早く気づけることになります。

「この間できていたことが、いきなりできなくなった」……これは日々、自分の内面と対話しているからこその気づきです。その積み重ねで初めて小さな異変に気づき、悪化する前に対応することができるようになるのです。

## クオリティ・オブ・ライフを重視すれば……

運動意識が高い人、自分の体に対して意識の高い人は常々、体や精神の状態に意識を向けていますから、自らの変調に気づきやすいと同時に、どうすれば回復できるかも知っていることが多いように思います。一方で慢性の痛みをたくさん抱えている人は、自分の体に関する認識が鈍くなっていて、痛みの認識が乱れているような印象が強い。

痛みというものは、1か所だけ痛かったら「痛い」と思うのですが、複数痛いところがあったら、麻痺《まひ》してわからなくなります。よく、複数ある痛みのうち1か所の痛みがなくなったら、ほかのところが痛くなってきたという話を聞きますが、とくに新しい痛みがその瞬間に始まったわけではなく、もともと隠れていただけのことなのです。一番痛いところだけを「痛い」と感じているのです。

ということは、たとえば慢性の肩痛がある人には、じつはほかにも膝が痛かったり、肘が痛かったりという可能性があります。

そういう人の肩痛を治したとします。そうすると今度は「膝が痛い」と言いだします。二番目に痛いところが出てくるのです。一番痛かったところが完治すると、体にとって次に危険性の高い二番目に痛いところに意識が向くのです。

下手すると、「肩が良くなったから、膝に肩の負担が移ってしまった」と変な解釈をしてしまいます。

ところが、慢性の痛みというのは、たとえば肩そのものが悪いということはあまりなく、体のほかの部位の歪みや不調が肩に表れるケースが結構、頻繁《ひんぱん》にあります。いわゆる「関連痛」と呼ばれるものです。痛みの原因となる部分と実際に痛みを感じている部分が異なるのです。

痛みの根本がどこにあるのかわからないまま、ある箇所が治ったら、別の箇所に痛みを感じ始め、その別の箇所を治したら、さらに別の箇所に痛みを感じることになってしまう（こんなケースはよくあります）。まさにイタチごっこで、根本の解決にはちっとも近づけません。

しかし残念ながら、このことを知らないまま、「肩が痛いから」と対症療法で整形外科に行って、レントゲンを撮って、薬を飲んで、肩痛が収まる。肩が治って数日後、今度は膝に痛みを感じ始めて、また整形外科に行って……という人が圧倒的に多いのが現状です。

この負のスパイラルが継続する原因は、自分の体への認識の低さにあると思います。

先に述べたように、自分の体に意識を向けて動かして〝自由度〟が高い体になれば、身体動作のなかでの気づきの選択肢が増えて、たとえばどこか悪いと感じたところが、その原因は「じつは肩じゃなくて、首かもしれない」と、気づく可能性が高くなるのです。

日ごろから一種の瞑想《めいそう》、つまり体や心と内なる対話をすることが、気づきをもたらしてくれます。自分の体に向き合い〝自由度〟を手に入れた人は、かなりの確率でそうでない人より大きなケガや不調を抱えずに生活をしていると思います。

整形外科などは器質的な原因――骨、靭帯、軟骨、筋肉などの組織における解剖学的・病理学的な変化や異常――を探します。だから、たとえば腰痛が出たときに、「腰椎ヘルニア（椎間板の突出）です。手術適用ですよ」と手術を勧めます。

しかしながら、手術が終わって、リハビリもきちんとやって、レントゲンを撮ったら、手術は成功して画像にも腰椎ヘルニアは器質的には完治しているのに、まだ腰が痛いと訴える人は驚くほどたくさんいます。

これは痛みの直接的な原因がヘルニアそのものではなかったということが考えられます。実際、ハムストリングを柔らかくしてもらっただけで腰痛が治ったという人はたくさんいます。腰椎ヘルニアがあるから手術をしても、その後、疼痛《とうつう》（ズキズキした痛み）に変化がないケースや、ＭＲＩなどの画像診断でも器質的にはヘルニアはない状態なのに、患者さんの疼痛は変わらなかったというケースは、わたしの周りでは何度も経験しています。

あるリサーチによると、腰痛を持っていない人の腰椎のMRIを撮影したところ、約60％に器質的にヘルニアの兆候が見られたという報告もあります。でもその人たちは痛みを感じずに生活をしている。いままでにMRIやレントゲンでは「痛みが出てもおかしくない」と医者に言われるような状態でも、痛みがなくスポーツをしている人もたくさん見てきました。

器質的には痛みが出てもおかしくないのに痛みが出ていない理由は個々のケースにより違いますが、共通して言えるのは、「器質的に負担がかかっている場所の負担を軽減できるような動き方を知っている」ということだと思います。自分の体の状態を知り、気づき、動きの選択を変えることで、痛みのない体になることができるのです。

こういった例はたくさんあります。

痛みには器質的な原因ももちろんあると思います。でも、そうではない、要するにほかの要素が作用して痛みを起こしていることがあるということです。

体というものは部分的ではなく、全体を診ないとダメなのです。自分の体の動きを想像していただければわかると思いますが、腕を動かすだけでもさまざまな部位の筋肉が動いています。多くの部位が連動して、体は動くのです。

たとえば「肩が痛い」と訴えている人がいたとして、肩ではなく首の動きを良くしてあげたり、お尻の筋肉の使い方、足裏の接地の仕方を変えてあげることで、肩痛がなくなることもあるわけです。

医師に治してもらわないといけないケースはもちろんありますが、自分のなかで気づきがあれば、「自分には肩をすくめる癖があるから、首に負担をかけて腕に力が入らなくなることが多い。だから腕に違和感を覚えたら肩に意識を向けて、緊張を解放してあげないといけない」ということが現実としてできるのです。

こういうふうに自分の体のあるべき姿を探していく、セルフケアにつながる心がけはとても意義あることですし、楽しいことだと思います。

日本人の傾向として、「医者は万能」という思い込みが強いと思います。「お医者さんが言っているのだから、その通りにしておけば治る」と思っている人が多いのではないでしょうか。

もちろん、医師の的確な判断により治癒に至る人もたくさんいます。でも、自分の生活、自分のことを知っているのは誰よりも自分であるということを忘れてはならないと思います。

とくに高いクオリティ・オブ・ライフを目指しながら長く生きることを目指すとなると、自分の体との対峙の仕方、〝健康法〟を見つけることは何よりも大切だと思います。体も心も〝自由度〟の高いほうがたくさん選択肢を持てるようになるのです。それこそが高いクオリティ・オブ・ライフを実現するのではないでしょうか？

## 最適な〝ゴール〟がないことが問題

再び「開脚ベターッ」に戻りますが、第1章で触れた本を見てみました。本には「ベターッと開脚」できるようになった人たちの写真が載っているのですが、その写真を見ると、それぞれの人たちの体に起こっていることがすべて現象として違います。

たとえば、踵《かかと》は着いているけれど、つま先が前側に下がっている人。これは腰椎の後弯《こうわん》（腰のあたりが丸まっている）があるためです。本当は踵をきちんと着けて、つまり先を上に向けて、骨盤が前に出て、腰椎は前弯《ぜんわん》していることが必要です。

わたしの目を通してみると、みんな全然違うことをやっているのです。表向きには同じ形を目指しているように見えても、それぞれの人の体のなかでは違うことが起こっているため、体の反応も全然違うことが起きています。各種筋肉のストレス（緊張）ポイントも全部違います。ある人はすごくふくらはぎが張っていますが、ある人は股関節が緊張している。また別の人は首に力が入っている、という具合です。

これはある意味、「形をどう真似るか」ということに目的が置かれているがためのことだと思います。「自分の体をどうしたい」ということではなく、「自分が思う『開脚ベターッ』の形をつくりたい」ということが目的になっているのです。

先に触れた「チキン・レッグ」と同じことです。

これらのことは結局、体を形（見せかけ）として認識していて、動きのあるものという理解がないからだと思います。自分の体の動きにとって最適なゴールを決めていないことが原因です。

まずゴールを決めましょう。

ひとつのゴールとして考えていただきたいのは、繰り返し述べてきたように、〝自由度が高い体〟です。

〝自由度〟があるということについては、きっとものすごく漠然とした印象を持たれることでしょう。簡単に言うと、状況に応じて一つひとつの関節を自分の思い通りに独立して動かすこともできるし、関連（連動）させて動かすこともできるし、スピードやタイミングも自在に変化させることができるということでしょうか。

体の動きと心の動きはつながっていると言われています。体の〝自由度〟――好きなときに好きなように動かすこと、止めること、変化させること――が広がれば、心もその自由度を手に入れることができます。求めるのはひとつの形ではなく、その形のなかで起こるさまざまなことを手に入れることです。

## 動いたことのその先を見る

本当のことを言うと、体の〝自由度〟を高めることについては一般の人たちだけではなく、トップ・アスリートにももっと強く求めたいのです。トップ・アスリートは長年そのスポーツに特化した動きを続けていて、運動はしているけれども体はボロボロという人も多い。それは本来あるべき健全（心と体の全体性の健康）という姿から大きく外れてしまっています。わたしたちトレーナーからしたら、どんな人にもまず健康という土台があり、そのうえにその人のパフォーマンスやスペシャリティ（特殊技能）があるべきだと思います。

でも、スペシャリティばかりを追求していくと、そのパターンの動作しかしなくなってしまいます。たとえば野球のバッターなら、ピッチャーが投げたボールに対してバットというツールを使って強い力を伝えるという体のパターンです。こればかりを追求していて、ほかのことは置き去りにされることが多く、自ら体の動きの選択肢を減らしています。〝自由度〟を追求することの対極です。だからケガが増えてしまうのだと思います。

実際いまのプロ野球選手の一部は大きな力を出すことだけにフォーカスして、重たいウエイトを乗せてスクワットをこめかみに血管を浮かせながら行って、トレーニング後の達成感に酔っています。

わたしの経験からすると、そういうトレーニングを選択している選手はケガをしやすくなりますし、選手生命も短い傾向にあります。

もちろんスポーツですからさまざまな突発的な事故、ケガは起こります。でもそのケガを引き起こす原因のひとつには自分の体をコントロールできず、コントロールできていない状況で筋の強い収縮が起き、筋断裂を引き起こしたり、関節や骨へのストレスを生んでいると思うのです。

これに対して、今年（2017年）で44歳を迎えるいまでもプロレベルのパフォーマンスを発揮し続けるイチロー選手は、かなりの例外です。わたしは幸いにして、長い間彼を診ることができましたが、そういう意識、つまり体の〝自由度〟を求める意識はすごく高いと感じていました。

〝自由度〟という言葉を認識しているかどうかはわかりませんが、彼のなかでは、「こうやって動きたい」ということが第一でした。

つまり「野球がうまくなりたい」の前に、「こうやって動きたい」という自分の理想があったのです。イチロー選手に限らず、あらゆるアスリートが本来はその理想、つまり自由に動かせる体という土台のうえに、パフォーマンスやスペシャリティが来るべきだと思うのです。

アスリートが「尊敬する○○さんが導入してレベル・アップなさったので、わたしも採り入れたいと思って……」とほかの選手のトレーニング法や体のつくり方を踏襲するケースをよく見かけます。

毎年1、2月のスポーツ新聞では、有名選手が後輩の選手たち数人と自主トレを行っている記事を見かけます。その有名選手が行っているフィジカル・トレーニングを後輩に紹介して一緒にトレーニングを行います。しかしそれがその後輩選手たちに合っているトレーニングかどうかは別の話なのです。

自分が経験したことがない動きをしてみることは楽しいものです。20〜30年前からスポーツ選手同士の交流のなか、自分が経験していないスポーツのトレーニングを行うということが繰り返し行われています。プロ・ゴルファーが野球の春季キャンプによく来ていましたし、プロ野球選手が春季キャンプ前の自主トレでバドミントンを導入していることもありました。

同じトレーニングを数年間行っていると刺激が少なくなってくるのは理解できます。そのため手を替え、品を替え新しいものを採り入れていくことも必要なことでしょうが、そこで忘れていけないのがそのトレーニングのあと、自分の体はどのような反応を起こしているのかに意識を向けることです。ここが大切です。

「新しいトレーニングをやった。疲れた」。これでは小学生と何ら変わりません。

このコメントこそ、体が資本で体のことに最も意識的であるはずの彼らが、一連の動きのなかで何が大切か気づけていないことの証拠です。もしくは、「気づいているレベルが低い」ことの証拠です。だから、誰かがこれで良い成績を残したからといって、それをマネしてしまう。

一般の人がブームで開脚ストレッチをしているのと、アスリートが誰かがいいと言っていたからといって、新しいトレーニングを採り入れるのと、じつは大差ない現実があるのです。違うのは、プロのアスリートは結果を出さなければ来年の仕事がないかもしれない……ということだけです。

これはアメリカのアスリートも基本的には変わりませんが、アメリカでは科学的なトレーニングに多様性があり、指導スタッフの充実度も高いのです。それと同時に、個々の特性を生かしたトレーニングの判断ができる環境が少なくとも存在するため、日本のアスリートが陥っているような事態は比較的起こりにくいと思います。

本質的な話ですが、人は自分に必要なものは何かをきちんと考え、理解したほうがいいに決まっています。そのほうが自分の健康を守れます。じつは現役を長く続けられる選手は、その整理と選択がきちんとできているのです。

たとえば以前シアトル・マリナーズで働いていたときに体を診ることのできたジェイミー・モイヤー投手は、本当にいいお手本でした。彼の体は正直、一般の人とそんなに変わらないと思います。ストレートも１３０キロしか出ませんでした。いまは日本の高校生でも１４０キロを投げる選手はたくさんいますよね。体のつくりと数字から見えるパフォーマンス・レベルでは、メジャー・リーグで活躍どころか、メジャーに上がることもできなかったでしょう。その彼がメジャー最年長勝利記録（２０１２年、49歳と１

51日）を持っているのです。

彼のピッチング・スタイルは、フォー・シーム（130キロ）、チェンジ・アップ（110キロ）を主とし、100キロを下回るカーブなど多彩で、それらを抜群の制球力と緩急で操るというものでした。

わたしが観察したところ、彼は体に対して日々の時間のなかで相当自問自答を繰り返していました。そうすることで自分の体が周りの人と違うとわかります。彼には卓越した能力――肩が強いとか、足が速いとか、握力が強いとか……――がなかったからこそ、自分と向き合いよく考えたのでしょう。そして彼なりのプロでやっていくための〝突破口〟を見つけたのだと思います。

アスリートも一般の人も本来はモイヤー投手のようにあるべきだと思います。もし、資質的にパフォーマンスの高い人がモイヤー投手のような思考法をしたら、きっと無敵でしょう。

本来は子供のときからきちんと「こういうことが大切なのだよ」と教えてあげると、その子の人生の幸福度は上がると思います。日々の体の動きにはそれだけの可能性があるのです。子供に体の動かし方や体への意識の向け方をどう教えたらいいかは、『伸びる子どもの、からだのつくり方』（山本邦子との共著　ポプラ社）で詳しく説明しました。よかったらご一読ください。

## 多様性が大切

わたしは常々、「子供のころからたくさんの種目をしましょう」と言い続けています。どうも日本では指導環境的な側面から、小さいころから野球、サッカー、水泳等々、ひとつの種目に集中してしまう傾向にありますが、子供のころは体の動きに多様性を持たせることが肝要です。その道を極めるには、早い時期からそれに集中することが大切と思っている方も多いと思いますが、こと、動きに関して言えばそれは正反対なのです。

かつてアメリカにはボー・ジャクソンやディオン・サンダースといった、ＭＬＢ（メジャー・リーグ・ベースボール）とＮＦＬ（ナショナル・フットボール・リーグ）の両方で中心選手として活躍したスーパースターがいました。ＮＦＬが創設された１９２０

年以来、67人の選手がＭＬＢとＮＦＬの両方の試合に出場しています。

プロ野球とＪリーグの両方で活躍するようなものです。なかなか信じられない話かもしれません。

２０１７年2月に開催されたＮＦＬのスーパー・ボウルに出場したアトランタ・ファルコンズとニュー・イングランド・ペイトリオッツの2チームの選手の過去の運動履歴のデータが出ていました（USA Today High School Sports, 1月23日付）。両チームの82・８％の選手が、高校までふたつのスポーツをかけもちしており、アメフトと並行して、バスケットボール、陸上、ベースボールをしていた選手が多かったそうです。

これはその前年の決勝進出チームでも同じような統計になっており、こちらは88％の選手が高校までふたつ以上のスポーツをやっていたそうです。

日本のアスリートとアメリカのアスリートの最大の違いはここにあります。

アメリカのアスリートは1種目で終わりません。ベースボールの選手であっても、たとえばアメリカンフットボールをやっても、バスケットボールをやっても、とても上手です。その利点は、ひとつのスポーツでは得られない体の動きをほかのスポーツですることにより、メインのスポーツの動きの向上につながるとともに、同じ動きの繰り返しから起こる、慢性的なケガの割合を減少させることが可能になることです。

元来、人間の体は多様な動きをすることが可能です。子供のころはさまざまな感覚を育てるためにも動きはとても大切な役割をしています。目からの情報、耳からの情報、鼻からの情報、体のバランスの変化から得る情報、皮膚からの情報、舌から得る情報。じつはこのような感覚器からの情報が動きを育てるうえでも大切になってきます。

子供は筋力が過度に発達していないので、筋肉に頼って無理に体を動かすケースが少なく、感覚機能から得た情報を基に人間のもともと持つ体を動かす能力を自然に活用しています。

神経系の発達が活発で、柔軟な思考を持っている子供時代にたくさんの種目（動き）を経験することで、体の持つ、多様な動きに対応できる能力を養っていくことが可能になるのです。

大人になってからも考え方は基本変わりません。ひとつのことに集中してやるのも大切ですが、脳の働き、神経系の働きを有効に活用するためには、動きに多様性を持たせることや動きの種類を増やすことが重要なのです。

そしてその動きをするときにも、体にあるすべての関節、筋肉を自分の思い通りに動かせるようにいろいろな動きを経験することをお勧めします。観察することなくひとつのストレッチをずっと続けること……それは決して好ましいことではないのです。

## 体を動かす理由～人とのつながりそして永遠の進化

仕事もひと息つき、自分の余暇の時間が増えると活動的になる人も増えていきます。これから迎える老後のために、健康でいたいと思うのはみな同じだと思います。運動をすることは、体の健康を維持するためだけでなく、心の健康、精神の健康を促すためにも大切と言われています。

加えて、社会との接点を持つことが、健康に長生きするための要素のひとつだという説があります。また、孤独は寿命を縮めたり、精神的な不安定をもたらすと言われています。

フィットネス・クラブに行く、近くの健康教室に参加する、ヨガ・スタジオに行ってみる、友人とウォーキングに行く……どういう形でもいいですが、自分にとって少しだけチャレンジになるようなことにトライする。これはとても大切です。

人間はどうしてもラクなほうに流れてしまいます。脳は同じことを繰り返すことが大好きです。当たり前でいることがとても快適なのです。新しいことを始めるとき、いままでのやり方が快適だから、三日坊主が起きるのです。体も同じでラクをするために、同じところしか使わない傾向にあります。そんな脳に少しだけチャレンジをさせてあげてください。

たとえば右手が利き手なら、ときには左手も使ってほしいのです。それを心がけていないと、使わないところはどんどん弱っていってしまいます。これは体の機能に限った話ではなく、脳も同様です。脳の活動は体の動きそのものです。体の起こす反応が脳に情報として送られますから、体の動きに制限があると、脳に行く情報にも限りが出てきてしまいます。

体を動かしながら、人とコミュニケーションをとる。いままでとは違うことにチャレンジしてみる。脳に違う刺激を入れる。それこそが運動をする大切な理由なのだと思います。ぜひ1年に1回でもいいので、いままでやったことがない、行ったことがないところで体を動かす機会を持ってみてください。

## 他人は他人、自分は自分

大切なのは、周囲の情報に惑わされないできちんと自分の体の本質を知ろうとする姿勢です。そのためには自分の体との対話、つまり、いま体はどういう状態にあるのかを、感覚として捉えられるアンテナを持つことです。

いわゆる身体操作のための「ルーティーン」と呼ばれることを自分なりに設け、それを意識しながら毎日行うことで初めて、わたしたちは「いま体はどういう状態にあるか」を理解できます。つまり自分の体との対話ができるようになるのです。

たとえば、毎朝姿勢を正して座って、深呼吸を10回ゆっくりとしてみるということを

３日間でもいいのでやってみてください。その３日間の呼吸をしたときに受け取った感覚を観察してみてください。「昨日は3回目くらいから苦しくなった」「今日はお腹が硬い感じがする」「今日は右の鼻の通りが悪い」「終わったら視界がクリアになった」……たった10回の深呼吸がわたしたちにもたらしてくれることはとても大きいのです。自分の体を感じる時間、いまの自分の体を知る時間が明日の自分の活力になります。

自分の体と他人の体は違うので、他人のことは置いておいて、まずは自分の体にフォーカスしないといけません。

本で読んだり、人に聞いたりしたことはひとつのモデルとして考えてください。それがなぜ効果的なのかを理解することは大切ですが、その人の体と自分の体は違うのです。大切なのは「自分の体がどう感じているのか」「自分の体はどう動いているのか」を知ることです。

Ａさんにとっていいものでも、Ｂさんにとっては必ずしもいいものではないのです。

体と心に多様性があるように、わたしたち人間一人ひとりにも多様性があることを意識することが大切です。それもあり、あれもあり、あなたの動きもあり、わたしの動きもあり……と。

わたしのクライアントさんで子供のころ体育が苦手で、50歳までまともな運動をしなかった人がいます。運動を定期的にやっている70歳になったいまのほうが、50歳のときより健康診断の結果も良好で、心身ともに健康で元気です。この人が特別なのではなく、このような人はわたしの周りにはたくさんいます。正しい運動をすることで、30年間あった腰痛がなくなった、肥満体から健康体になった、階段の上り下りで膝に痛みが出なくなった、前向きに毎日を過ごすことができるようになった等々。

体というものは刺激を与えれば与えるほど、変化していきます。これは年齢を問いません。年齢を重ねていても正しい刺激を入れればいつでも一瞬にして変化していくのです。だから50歳だから効果がないとか、60歳だからもう手遅れということはないのです。70歳からでも筋トレを始めたら、筋肉は反応して大きくなります。いつ始めてもいいのです。要するに「この歳だからもう無理」とは思わないでほしいのです。わたしたちの体にとって手遅れはありません。

運動の効果は心にも体にも無限の可能性を秘めています。大切なのは多様な刺激を入れることと、それをお手伝いしてくれる人と出会うこと。みなさんが体を動かすことでこれからの人生を謳歌することを願っています。

# 第4章

# ストレッチの本当の効能

## ストレッチを何も考えず、何も感じずにやっていたらもったいない

「体が硬いからストレッチをして筋肉を伸ばす」という考えの方は多いと思います。「体が硬いのは良くない」とよく言われますが、どうしてでしょうか？　筋肉が柔らかくなれば、そして体が柔らかくなれば、何が変わるのでしょうか？　そもそもなぜ体が硬くなったのでしょうか？――赤ちゃんのころは誰もが柔らかいのです。

人間の体は日常の使い方がそのまま反映されます。長時間パソコンで作業をすれば、それが体の動きに影響を与え、（椅子に）座る、（モニターを）凝視する、（キーボードを）叩くという行動に伴う動き以外は、どんどん失われていくのです。

つまり人間の骨も筋肉も、刺激が入った形に変化していくということです。

同時に心のあり方も、体の硬さと柔らかさに反映されることがあります。ある研究によると、心の緊張が筋の緊張を高めたという報告もあります。いつも何かを恐れている人は、自分を守るためにどんどん行動を狭めていきます。そして行動を狭めていくことで、体の動きもどんどん制限していきます。心と体は常に対話をしているのです。心に

変化を求めるのであれば、体を動かすことが必要なのです。

いま現在の体にはそれまで積み重ねてきた動きの経緯が蓄積されています。それに加えて心の動きの経緯も影響を及ぼしています。

つまり、ただストレッチをすればいいのではなく、ここまで積み重ねてきた心と体の一つひとつの経緯を丁寧《ていねい》にひも解きながら、いまの体と向き合うことがストレッチの効果を上げる大切なヒントとなるのです。

## アクティブ・ストレッチが体温を上げる

現代社会の特徴か、体が冷えている人、むくみがある人をとてもよく見かけます。人間は体内機能を正確に働かせるために、一定の体温を保つようになっています。そして体内温度の低下は、さまざまな臓器の働きを鈍化させるとも言われています。

体温を維持するために筋肉はとても大切な役割を担っています。筋活動は熱を発するため、体温を上げるサポートをしています。しかし現代人は歳を重ねるごとに運動量が減少し、筋細胞が細くなっていくうえに、40代を過ぎると筋細胞は減少を始めると言われています。

つまり大切なのは筋細胞の弱化を予防しながら、筋肉に少し負荷をかけながらストレッチをすることなのです。じっとスタティック・ストレッチ（静的ストレッチ）をするのも悪いことではありません。でも体の冷えやむくみの減少をサポートしたいと思っている人は、体を大きく動かしながら全身運動を通してのストレッチをお勧めします。

先にも述べましたが、大事なのは何を目的としてストレッチをするかということを考えて、ストレッチのやり方を使い分けることです。

## 朝はアクティブに、夜はスタティックに

先日読んだリサーチに、夜のアクティブな運動は睡眠の質を下げるというものがありました。眠りに入るためには、鎮静系の副交感神経が徐々に優位になることが必要ですが、その神経への移行は電気のスイッチのように一瞬にして切り替わるのではなく、ゆっ

くりと切り替わっていきます。そのため遅い時間にアクティブな運動をすると、副交感神経優位にならないままで睡眠に入る可能性があり、そうでない場合に比べると睡眠の深さに影響を与えるであろうという見解が書かれていました。

わたしたちの体は自然とともに生きています。サーカディアンリズム（体内時計）という言葉もありますが、人間のなかにある体内時計は自然の太陽と月の活動とも大きな関係性を持っているのです。

わたしたちはその神秘的な役割を身につけた体を理解し、サポートすることで、より健康に生きていくことができるのだと思います。朝はこれから活動をする体と心のために交感神経を優位にするストレッチ、そして夕方から夜にかけては１日頑張ってきた体と心を明日に向けて回復させるために副交感神経を優位にするストレッチ。そういう意識を持ってストレッチをやってみてはいかがでしょうか？

具体的には、朝は全身を大きく動かし少し心拍数が上がるようにストレッチをする。

夜はゆったりとした呼吸を意識して、少し吐く息を長めにしながらポジションを保持して行う。

自分に合ったタイミングと方法を探してみてください。

そして、どのストレッチをした日が快適だったのかを記録しておいてください。必ず自分に合ったコンビネーションが見つかるはずです。

## ストレッチは体の柔軟性だけを高めているわけではありません

繰り返しになりますが、「ストレッチ＝筋肉を伸ばす＝体が柔らかくなる」という方程式がまかりとおっている印象があります。

ストレッチは確かに筋肉を伸ばしていますが、その目指すところは「柔軟性を高める」ではありません。なぜなら体が柔らかくなっても大した意味を成さないからです。

アスリートの体を診ていると、「不必要な柔らかさ」「バランスの悪い柔らかさ」に出合うことがあります。アスリートでも「体は柔らかいほうがいいですよね？」と訊《き》いてきます。そういう問いがあると「何のために？」と訊き返すようにしているのですが、大体返ってくるのが「えっ、柔らかくなくてもいいのですか？」という反応です。

一般の方もアスリートも「柔らかいこと＝いいこと」という思い込みに囚《とら》われすぎています。ここまで述べてきたように、柔らかいことと運動能力の高さは比例関係にはありません。大切なのは「何のために柔らかくなりたいのか」ということ。まずはその理由を考えてみることです。

いま、生活のなかで困っていること――肩こり、頭痛、腰痛、膝痛など――があるとします。

それは体の硬さが原因なのでしょうか？……硬さといっても、それが関節のものなのか、筋肉のものなのか、心理的なものなのかも明確にする必要もあります。

または体の使い方が原因なのでしょうか？

偏った食事、栄養が原因なのでしょうか？

睡眠不足で体が回復できていないのが原因なのでしょうか？

体を整えるとは、ストレッチがもたらす筋肉の伸び具合だけを見ていればいいのではないのです。

仮に体が柔らかくても、ここで挙げたようなことが整わなければ「困っていること」

を解消するのは難しい。つまり、体が柔らかいことより、もっと考えねばならないことが複数あるということです。

また、とくにアスリートなら目的として「挑戦したいこと」「結果を出したいこと」があると思います。そのために必要な体の動きがあります。それを体得するには、何度も触れていますが、体の〝自由度〟を高める必要があります。〝自由度〟を高めるのに必要なのは柔軟性であったり、連動性であったり、操作性であったり……求める結果によって変わってきます。

大切なのはいまの体を自由に、要するに自分の意のままに操作できるようになることであり、動きの選択肢を多く持てること。繰り返しになりますが、それが〝自由度〟です。

そしてストレッチにはもうひとつ大切なことがあります。

わたしたちは生きています。「何をいまさら当然すぎることを言うのだ」と思われるかもしれません。でも「生きている」からこそ、わたしたちの体の状態は日々変化しています。

すべての土台である体が日によって変化しているということは、わたしたちの行動一つひとつも、そしてアスリートのパフォーマンスも日によって変化しているということです。

土台が変化しているのですから、行動もパフォーマンスも振れ幅はじつは大きいのです。その振れ幅に気づくことができ、調整を図る基になってくれるのが、何あろう、ストレッチなのです。

ストレッチをすると体の各所に刺激を入れることになります。刺激という入力の変化に対して体は必ず何かを感じとります。「よく伸びる」「スムーズに動く」「気持ちいい」「深い呼吸ができる」「いつもより伸びない」「何か引っかかる感じがする」「痛い」「呼吸が浅くなる」等々。

これらの反応に気づけるようになると、〝乗り物〟である体のいまそのときの状態がわかるようになり、対応する能力が育まれます。つまり、その日の状態に沿って体を、そして行動をアジャストできるようになるのです。

これこそ、先に触れた、イチロー選手がなぜ長年大きなケガをせずに、高いパフォーマンスで結果を残してきたか、ということにつながります。

日々ストレッチを通して今日の体の状態に気がつく。そしてこれができるようになると、アスリートのパフォーマンスの質はもちろん、一般の方々の日常生活のパフォーマンスも劇的に高くなります。そして、この「着地点」こそが、ストレッチを行う真の理由だとわたしは思うのです。

## ストレッチ中の呼吸

第5章で詳しく述べますが、呼吸は本当に大切です。これはストレッチに限った話ではないのですが、体を動かすときにどのくらい呼吸に意識を置いていますか？

たとえ「ストレッチでリラックスして体を緩めよう」と思っていても、呼吸が速く浅い状態では交感神経優位になって、体の緊張や興奮度は上がります。これでは落ち着くことなんてできません。

さらに思い切り関節を広げて、筋肉を伸ばして、痛い思いをしてストレッチをするのも、痛みがあるため体が守りに入るので、神経系が高ぶって交感神経が優位になります。リラックスして体を緩めるはずだったのに逆効果です。

大切なのは動かすという行為自体ではなく、どう動かすか、つまりゆったりと深い呼吸のできる状態で、「体がいまどういう状況にあるか」を意識しながらストレッチすることです。

関節の動きがどうであるかを感じないまま無理やり広げて、筋肉の性質を理解しないまま痛いのを我慢して必要以上に伸ばすのは、体に必要以上の負荷をかけるだけです。それであればやめたほうがいいのです。

## 筋組織の性質を理解する

ところで、みなさんは筋肉がどのようにつくられていて、働いているかを知っていますか？

筋肉を細かく見てみると、筋肉は、筋原線維というものが連なってできています。筋原線維にはアクチン繊維とミオシン繊維という平行に並んだ細胞と、それを両脇から挟むようにZ帯という細胞がひとつのセットとなって存在しています。その三つの細胞がセットになった筋原線維が、筋肉の大きさや役割によって異なる数が並んで筋繊維を形成しています。

筋肉は、アクチン繊維とミオシン繊維が滑り合うことで収縮をするので、この細胞の走行方向に沿って動きます（図⑥）。

ここでひとつポイントとなるのが、筋繊維は縮むことが主たる役割で、自ら伸びる役割は持っていないということです。たとえば、上腕二頭筋（肩から

図⑥

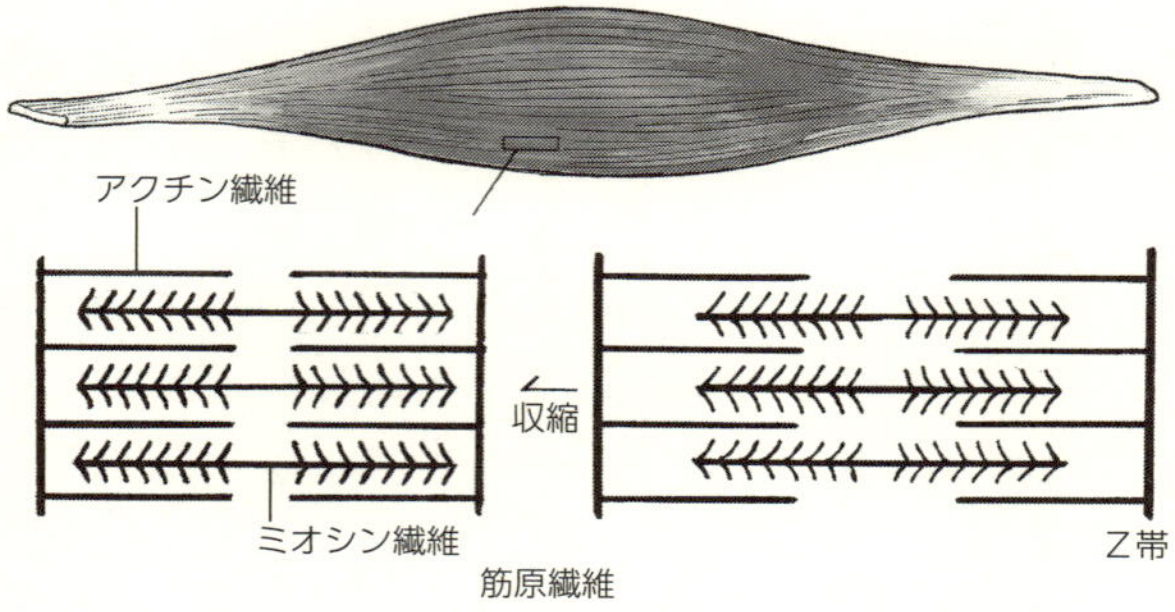

肘につながっている上腕の前側にあるポパイ筋）が収縮すると肘は曲がります。その上腕二頭筋をストレッチ（伸ばす）しようと、上腕二頭筋に伸びなさいという指令を出しても伸びることはありません。肘を伸ばして腕を背中の方向に引くことで初めて、上腕二頭筋の筋繊維が伸ばされるのです。

そしてその筋は必ず関節をまたいでいるので、筋肉を伸ばすということは関節にも変化を強いていることになります。効果的に筋肉を伸ばすためには、「どの関節位置でストレッチをするのか」ということもとても大切なポイントになります。

また筋肉は急激に伸ばされると、筋繊維の損傷を避けるために脳からの指令でその繊維を収縮させるという性質を持っています。つまり伸ばそうとしているのに筋繊維は縮もうとするので、筋繊維が損傷を起こしやすくなるのです。

スポーツの世界では、練習や試合に入る前に、長時間同じポジションを保持してのストレッチ（スタティック・ストレッチ）はしないようにしています。スタティック・ストレッチをしたあとの筋繊維は、筋出力を低下させるという研究結果があります。これから動いて筋出力を高めたいアスリートにとって、スタティック・ストレッチは逆効果になるので、スポーツ現場では試合前や練習前には使われなくなりました。

さらに筋繊維を制御する神経系のもうひとつの特徴として、筋繊維は能動的（誰かに動かしてもらうのではなく、自らが動く）に収縮させると、そのあとにぐっと弛緩するという性質を持っています。

たとえば長座になって前屈をして指先が足先に届かないので、太ももの裏のハムストリングをストレッチすればいいと考えたとします。たいていの人が、長座になって届かない手をどうにか足先に届かせようと、人に背中を押してもらったり、足にひもを引っかけて手で引っ張ってみたりということをすると思います。

でもこの筋繊維の性質からすると、屈伸するなどして伸ばしたいハムストリングを一度収縮させれば、そのあとその筋肉が緩むので、手先が足先に近づくという現象が起こります。

この例を出したのは、筋繊維の性質をわかっていないままでストレッチをすることが、じつは筋繊維を傷つけているということを知ってもらいたいからです。同じ時間を費やすなら、賢く体の持つ性質を理解して行うことが大切です。

## 体が動くとは？

ストレッチをする際に必ず意識を向けたいのが「関節がどういう動きをしているか」ということです。関節の動き次第で体の「可動性」と「安定性」が大きく変わってくるからです。

じつは関節にはそれぞれの役割があり、簡単に言うと「可動を軸とする関節」と「安定を軸とする関節」があります。そしてそれぞれが補い合って存在しています。

たとえば「可動性の関節」と言われているのは、足関節（足首）、股関節、胸椎、手首、肩関節（肩甲上腕関節）などです。

一方「安定性の関節」と言われているのは、足部（足首から下）、膝関節、腰椎、頸椎、肩甲胸郭関節（肩甲骨と胸郭の間の関節的な役割をしているところ）、肘関節、手部（手首から先）などです。

「安定させる」というと、多くの場合、その部分を固定させる、動きを制限するというイメージを抱きがちです。でも、「安定性＝動きを制限させる＝固定力を高める」という考えにはまり込んでしまうと、人間の体は動かなくなります。

それに対して「可動させる」というと、多くの場合、最大限に動かすというイメージを抱きがちです。これだと不安定性が増してしまい、体の動きのつながり（連動性）が欠けてしまうでしょう。

「股関節は可動性の関節だから、目一杯動かすことを意識しよう」と、可動域を広げることばかり考えてストレッチをしても、〝乗り物〟としての体は、意のままに動かせる、つまり〝自由度〟が高くはなりません。必要なのは自分自身でそのストレッチをしているときに、何がその関節や関節の周りで起こっているかを意識することです。

どういう状態のときに「痛気持《いた》ちいい」のか、それがどこまでいくと「痛いだけ」になるのか。呼吸が深くできるのはどういう状態のときなのか、それができなくなるのはどういう状態なのか……そういうことに意識を向けながら体を動かすことが肝要です。

いわば脳の指令に忠実に反応する体とでも言いましょうか。

こういうストレッチを続けてこそ、自分の体をそのときの状態に応じてさまざまな方法で、さまざまな方向で、さまざまな形で動かすことができるようになるのです。

## ストレッチで筋肉だけでなく骨も意識する

ストレッチというと筋肉を伸ばすというイメージを持っている人が多いと思います。でもストレッチ中は、筋肉だけでなく、関節も、血管も、神経も体のなかのさまざまなものが影響を受けています。最近では筋膜という言葉も一般的に聞かれるようになってきましたが、体のなかには筋肉を覆う筋膜だけでなく、骨を覆う骨膜、血管を覆う血管膜、神経を覆う神経周膜など多くの組織が折り重なるように存在しています。

そのすべてを意識してストレッチをしましょうというのは難しい話ですが、筋肉だけでなく、骨の動きも意識をしてもらいたいひとつです。

多くの人が、筋肉が硬いのは筋組織が縮んでいるからというイメージを持っていると思いますが、じつは筋組織そのものではなく、神経が体のなかにある不快な要素を知らせるために筋の緊張をつくっている場合が多々あります。つまり筋組織そのものが硬さをつくっているのではなく、ほかの要素が筋の緊張をつくり出しているのです。それを知らずに筋肉だけをストレッチしても解決にはなりません。

そして筋の緊張を生み出す大きな要素となっている場所が、関節なのです。

# 第5章

# 正しい呼吸なしに〝自由度〟は語れない

## 〝自由度〟と呼吸は切っても切れない関係にある

ここまで、質の高い生活を送るためには、その土台たり得る、体の〝自由度〟がいかに大切かをお話ししてきました。

脳からの指令を忠実に実行できる体の〝自由度〟ですが、それを支えるのに絶対欠かせないのが〝正しい呼吸〟です。

呼吸がなぜ大切なのかはこれから説明していきますが、みなさんは呼吸という働きが、複数ある内臓の働きのなかで唯一無二の特徴を持っていることをご存じでしょうか？

消化、循環といったものも内臓の働きですが、これは自分の意志で止めることができません。

一方で呼吸は「止めよう」と思ったら止めることができます。消化を速めることはできませんが、呼吸は速くしたり遅くしたりできます。

自律神経系に関係する器官で、呼吸器だけが人間の意志（脳からの指令）で活動状況を変えることができるのです。

しかし、じつは残念なことに〝正しい呼吸〟ができている人は多くありません。でも呼吸だけはわたしたちの意志で活動状況を変えることができるのです。つまり、自分の呼吸を〝正しい呼吸〟に変えたいと改善に取り組めば、それは実現できるのです。

## 精神や体の不調の原因は呼吸であることが多い

わたしのような仕事をしていると、アスリートはもちろんですが、一般の人の体を診ることもたくさんあります。その際、体調不良や鬱《うつ》っぽさを訴える人のほぼすべてが呼吸を正しく行えていません。

「呼吸は大切」「呼吸こそすべて」と言われることが多いのですが、アスレティック・トレーナーという職業で積み重ねた経験から、まさに正論だと思います。

では、呼吸とは一体何なのか。呼吸を正しく行えばどういうメリットがあるのか。呼吸を正しく行うにはどうしたらいいのでしょうか。

## 1日2万回も無意識のうちに行っている呼吸

「呼吸は大切」。それを象徴しているのが、わたしたちが呼吸を1日に2万回も行っているという事実だと思います。1日2万回もしていることが間違ってしまったら、当然、体は誤った方向に陥ってしまいます。

人間の体はじつにうまくできていて、その営み——たとえば歩行、物を取る、立つ、座る等の行動はもちろん、呼吸もそうです——は主役になる筋肉（主筋）と補助的役割を果たす筋肉（補助筋）が適切に調和して行われています。

さらに素晴らしいのは、主筋が充分に動けない場合、補助筋がそれを補うべく活発に動き始めることです。

呼吸の主役は横隔膜——「膜」と呼ばれるので勘違いしやすいのですが、れっきとした筋肉です。ちなみに牛肉の

図⑦

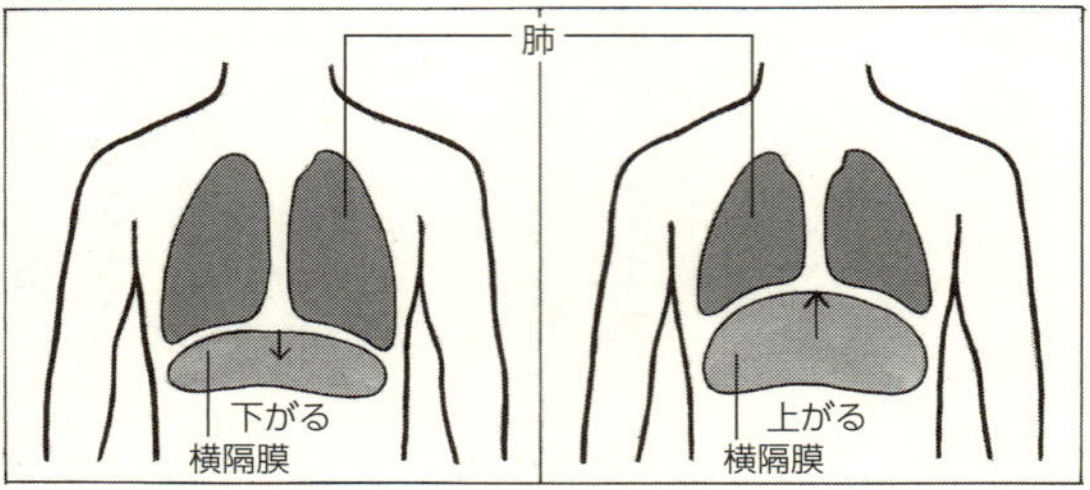

ハラミは筋肉、ハラミこそ横隔膜ですが、これが上下することで肺に圧を掛けたり抜いたりし、呼吸が営まれるわけです（図⑦）。

「呼吸が正しく行われている」とは主呼吸筋である横隔膜が正しく動いているということです。そして、現代社会では横隔膜を正しく動かすことができない人が極めて多いのです。

横隔膜が正しく動いていないのに呼吸はできている……これが現代人の多くの現実ですが、なぜ呼吸自体はできてしまうのでしょうか？　それが先ほど触れた補助筋（副呼吸筋）の活動の賜物《たまもの》なのです。

ただ、副呼吸筋は文字通り脇役の筋肉なので、1日2万回も行う営みの主役（主呼吸筋）に近いことをやってしまうと、当然ですが〝疲れ〟が出てきます。たとえば呼吸の補助筋のひとつに胸鎖乳突筋があります（図⑧）。

これは頭を左右に動かすことが主目的の筋肉

図⑧

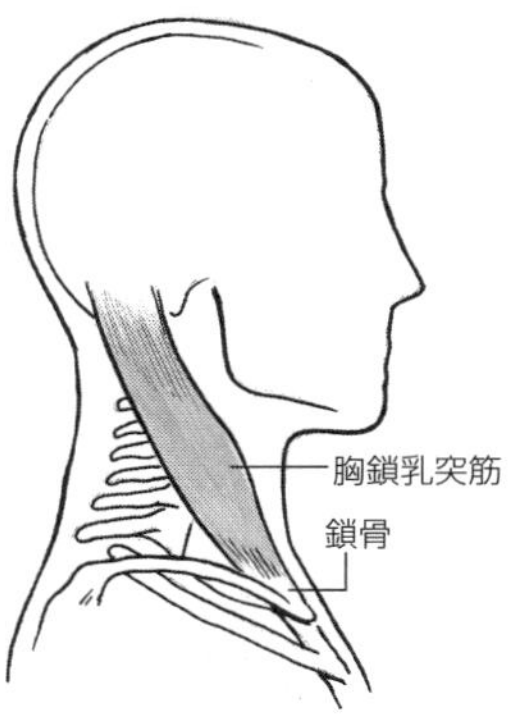

なのですが、呼吸の補助も行います。

日常的にこの胸鎖乳突筋を使って呼吸をしている人は、深呼吸をしてくださいと言うと肩が上がり首元に筋が立つような動きが起こります。また肩、首回りが硬く首が短く見え、頭が前に出ている人にもこの胸鎖乳突筋の過使用をしている人が多い。

この胸鎖乳突筋が呼吸に過度に使われると負担が蓄積され、果てには肩こりや頭痛が発生します。肩こりや頭痛を訴える人は数多くいますが、その原因が「呼吸が正しく行えていないこと」であるケースは本当に多いのです。

## 呼吸はメンタル面とも深いつながりを持っている

呼吸と自律神経の関連性は昔から指摘されていますが、現代社会には自律神経をうまくコントロールできない環境が多いのです。

その第一の原因が、よく言われているようにストレスです。いまの社会はストレスが過剰なのですが、そのストレスをなくしたり軽減したりする手段は、逆に非常に少ないでしょう。

自律神経とは生存のための活動を支えるもので、呼吸はもちろん、内臓の動きを司《つかさど》るものです。そして自律神経には交感神経と副交感神経とがあって、前者は体をエネルギー消費に向かわせる、いわば積極的・能動的な神経です。後者はその反対で、体を休ませる方向、回復に向かう助けをする神経です。

野生の動物はいつ攻撃されるかわからない状況に置かれています。だからいつも交感神経優位になって不測の事態に備えているわけです。

常に緊張状態にあって、気が休まることはありません。であるがゆえに寿命が短い。わたしはそう考えています。

一方で人間は知能が発達しているので、道具を使ったり、家をつくったりして〝防御〟を厚くし、休む時間を確保してきたわけです。

つまり副交感神経優位の時間を長くできる環境を獲得したのです。それで両神経のバランスが適切に保て、寿命が長くなったのだと思います。

そんな歴史を歩んできた人類なのに、現代人のわたしたちは常に生活のなかでストレスに曝《さら》される環境にあります。携帯電話やコンピュータなどの目を酷使する長時間使用、運動不足、時間に追われる生活、生活のリズムの乱れ。そのため、副交感神経が優位になる時間が少なく、交感神経優位の時間が圧倒的に長くなっています。これでは心も体も悲鳴を上げてしまいます。

## 交感神経優位状態を、呼吸のコントロールで脱する

そんなストレス過多に追い込まれている現代人を解放するのは呼吸です。呼吸のうち、「吸う」という行為は交感神経とつながっています。一方の「吐く」という行為は副交感神経とつながっています。

だから吐くほうに重きを置けば、副交感神経優位になり、心が落ち着くのです。「呼吸をする」ということで、ただ漫然と吸って吐いて、吸って吐いてを繰り返していればいいわけではありません。

よく「吐く息は吸う息の2倍の長さで心穏やかに」と言われますが、それは息を吐く

ことで副交感神経を優位にしやすくなるからです。

吐く行為が副交感神経を刺激するわけですから、意識的に吐くほうを長くしてあげるのです。

たとえば５つカウントする間に吸い――お腹も背中も脇腹も胴体全体がゆっくり膨らんでいく感覚――、10カウントする間は吐く――膨らんだ胴体がゆっくり萎《しぼ》んでいく感覚――ようにする。吸う時間の倍、吐くことを心がけてください。

この呼吸法を就寝前にやってみてください。きちんと吐けていれば、５分も経たないうちに副交感神経優位になり、眠くなるはずです。「今日はなんか寝つきが悪い」というときも有効です。

ただ多くの人が、10カウント吐くことすら難しいのが現実です。吸って吐いてを１サイクルと考えたとき、１、２サイクルは「５カウント吸って、10カウント吐く」がどうにか続いたとしても、３サイクルくらいになると息を吐いたあとに、苦しくて急激に息を吸い上げたり、10という長いカウントを吐き切るのに息絶え絶えだったりする人が多いと思います。

苦しみながら呼吸をしても体にとっては逆効果ですので、まずは吸う息と吐く息を同数（2カウント吸って、4カウント吐く）から始めて、3カウント吸って6カウント吐くというように、ほんの少しだけ吐く息を吸う息よりも長くすることをイメージしてやってみてください。

そして吐いたあとに吸い始める前に、少しだけ間があることも大切です。吐いてすぐに吸い込むのではなく、吐いたあと一瞬、間をつくってから息をゆっくりと吸い込みましょう。長くカウントに合わせて呼吸をすることよりも、激しい呼吸音を出さずに細く長く呼吸を継続することが大切です。

最初に書いたように呼吸も筋肉によります。まずは使われていない筋肉を少しずつ刺激して、さまざまな呼吸に対応できるように呼吸のトレーニングをしていきましょう。

## 吐ける人はわずか。吐くことに意識を向けてください

臨床的な経験から、吐けない人は男性に多く、吸えない人は女性に多い印象です。

「呼吸は呼気から」という言葉がありますが、呼吸は吐くことから始まるのです。女性になぜ吸えない人が多いかというと、吐けないからです。きちんと吐ければ、そのあとは吸わざるを得ませんから。

男性の場合はまさに吐けない人が多いのですが、男性の吐けない理由は、胸回りの緊張が強く、息を吐くときに必要な肋骨の動きが制限されてしまうから。吸えない人も吐けない人も、どちらにせよ大事なのは、きちんと息を吐けるようになることです。

息を吐くという行為は主呼吸筋である横隔膜が弛緩《しかん》することで行われ、反対に吸うのは横隔膜が緊張することで行われます（図⑨）。この呼吸による横隔膜の動きは、肋骨３本分上下すると言われています。その際、横隔膜が正しい位置になければきちんと吐けていないことになります。

では横隔膜の位置をどうやって確認すればいいのでしょうか？

簡単です。肋骨の胸の下の部分に手を当てて、ゆっくり吸って、吐いてと繰り返します。横隔膜が正しい位置にあれば、息を吸ったとき手を当てている肋骨は横に広がりながら（肋骨周囲全体が外に広がりながら）少し上方向に、吐くときは広がった肋骨が内側に戻りながら少し下がるように動くはずです。

　ところが胸の緊張度が高い、お腹に常に力が入っている、背中の緊張度が高い、首の緊張度が高いなどが原因で肋骨が動かない人がたくさんいるのです。

　肋骨の下側が前側に飛び出しているように見える人、胸が上に持ち上がっているように見える人は、横隔膜の位置が正しい位置になく、呼吸がうまくできていない状況にあります。まずは、ご自分の横隔膜が正しい位置にあるかどうかを確認してみてください。

図⑨

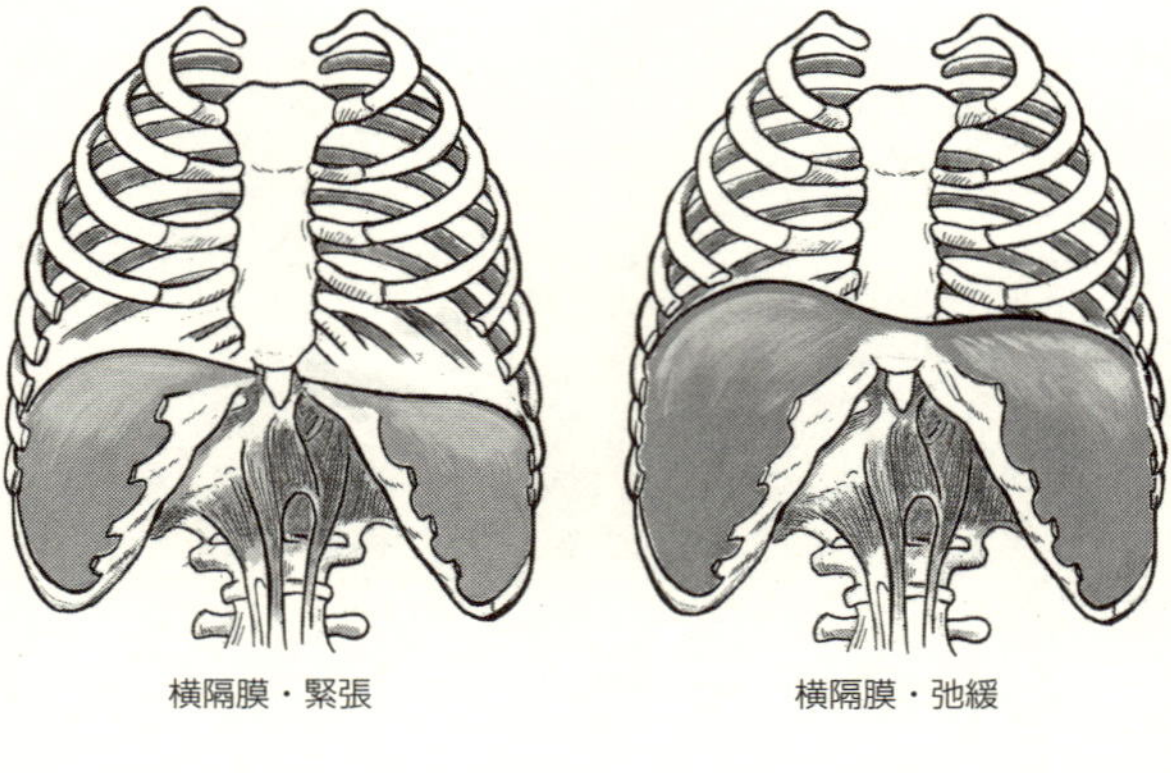

横隔膜・緊張　　横隔膜・弛緩

## トップ・アスリートはみな、呼吸をコントロールする

今日《こんにち》まで20年間、アスレティック・トレーナーとして、数多くのトップ・アスリートと言われる人たちと仕事をしてきました。

その経験上で断言できるのは「トップ・アスリートは全員呼吸をコントロールできている」ということです。その選手が意識しているか？　無意識なのか？　は別としてですが。

トップ・アスリートがトップたるゆえんは「悪いときが少なく安定したパフォーマンスを発揮できる」ということです。いわゆるスランプが少ない。

それはタイミングというものをどれだけコントロールできているかによるのです。スポーツという勝負事には、自分の体を動かすタイミングが非常に大切です。そしてその動きには呼吸が大きく関係していると思えてならないのです。

たとえばイチロー選手ですが、２０１５年に野球殿堂入りを果たしたペドロ・マルチネス投手とはいくつもの名勝負を重ねました。その数々の名勝負でふたりが大切にした

のが〝間〟です。

相手が力を出したいタイミングを上手に外して、自分が力を出したいタイミングをぐっと摑《つか》む、それを自分の有利な状況でコントロールできていれば、勝算が上がります。その駆け引きの場を形成するのが、〝間〟の取り合いです。

そして〝間〟をつくるのも呼吸なのです。トップ・アスリートになる人は無意識のなかで、子供のころから当たり前にこれができています。

一方でできていないアスリートは、自分では普段と同じことをしているつもりなのに、いきなりスランプになったと感じるようなのです。

それは明らかに呼吸のコントロールができていないことと関係していると思います。ゴルファーが緊迫した場面でミス・ショットを引き起こしてしまうときにも、よくこの傾向が起こります。緊張のため呼吸がいつもより浅くなり、ショットまでのルーティーンの一連の動作が速くなり、ときには遅くなったりして、その結果ミスを引き起こしてしまっています。

呼吸の違いに気づき、自ら緊張を感じた時点で意図的に大きくゆっくりな呼吸を意識するべきなのです。

呼吸のコントロールを理解して行っている人は、さらに意図的にタイミングのコントロールができるわけです。だからよりスランプに陥りにくい。

鎬《しのぎ》を削る勝負事（＝試合）に曝されるのは何もアスリートだけではありません。サラリーパーソンの方は毎日が仕事という勝負ですし、主婦は毎日の育児や家事がまさに試合に匹敵します。

そこで安定したパフォーマンスを発揮できれば、それだけ充実した日々を送ることが可能になります。そしてそれを実現するには、きちんと正しい呼吸をすることが不可欠なのです。

## 呼吸が感情や判断力をコントロールする？

最近、研究者の間でも呼吸に関する研究が活発になっています。

呼吸をすると、感情の処理に関わる扁桃体と記憶の中枢と言われている海馬での電気的活動が行われますが、アメリカのノース・ウェスタン大学の研究者が、呼吸のリズムが人間の感情や記憶の判断に影響を与えるという発表をしました。

彼らの研究によると、息を吸うときのほうが恐怖の表情を認識し、記憶したものを思い出す可能性が高くなったそうです。しかも口呼吸ではその効果はなく、鼻呼吸でだけその結果が見られたそうです。人間がパニックになったりすると呼吸が速くなりますが、それは呼吸が速くなることで息を吸う頻度を上げて長くし、さまざまな認識や判断に関係する大脳辺縁系全体の働きを活発にして、より的確な判断ができるようにするためではないかという見解を示しています。

呼吸は自律神経が無意識の状態でもコントロールしてくれていますが、わたしたちのできることはその呼吸が最大限快適にできるように、体を整えてあげることだと思います。

## そもそも正しい呼吸とはどういうものなのか

正しい呼吸とはどういうものか、簡単に説明しましょう（図⑩）。呼吸は本来、横隔膜を主たる筋肉として使い、肋骨に守られている肺に空気を入れていく動作です。

肺自身の動きによって空気を取り込んでいるイメージを持っている方が多いかもしれませんが、肺そのものには筋肉は付着していませんので、肺だけで動くことはできません。

肺が動くのは、肋骨の下の部分に肺の土台のように付着している

図⑩

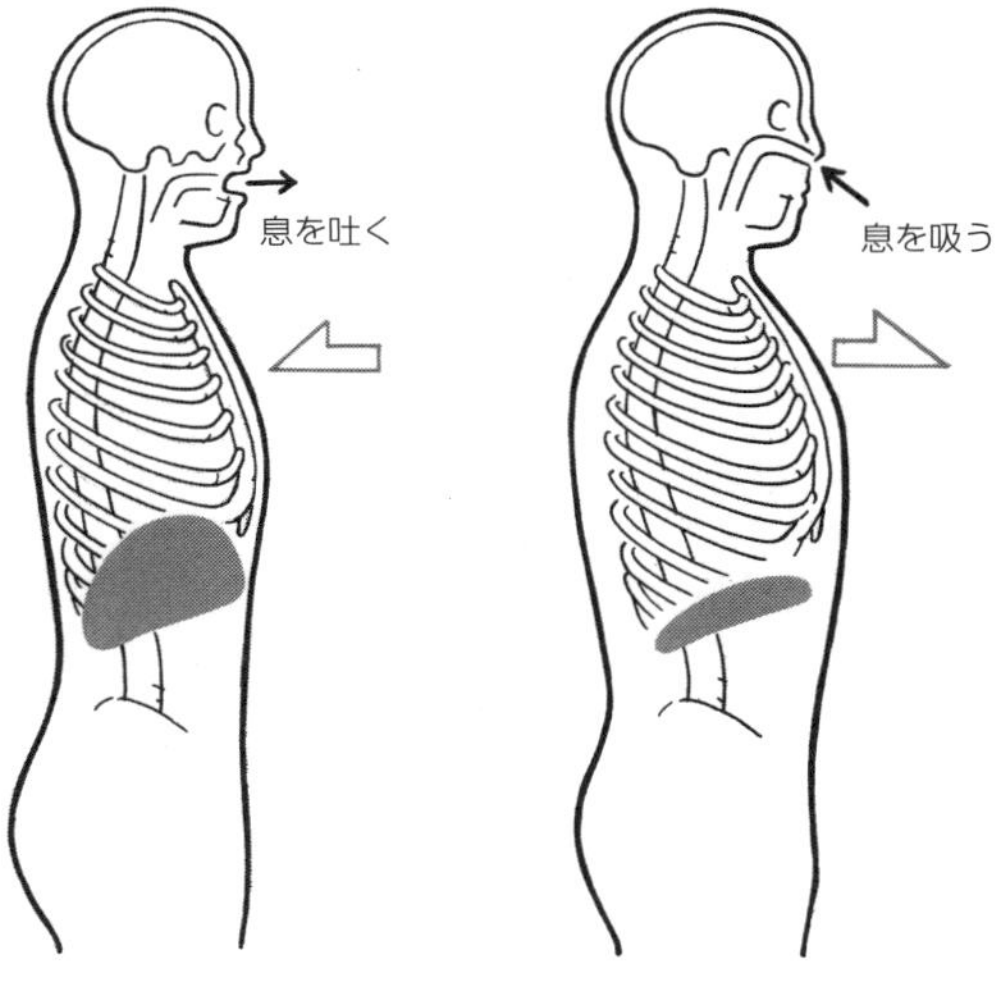

横隔膜の働きによります。横隔膜が上下することによってピストンのように肺の空気を出し入れしているのです。

横隔膜は筋肉ですから、緊張していない（収縮していない）ときは筋繊維は長くなって緩んだ状態で、肺のすぐ下でドーム状の形をしています。横から見ると前側のみぞおちのあたりから体の中心に向かって上がりドーム状の屋根をつくりながら腰骨に向かって半円を描いておりているように見えます。

この横隔膜の構造により肺は上に押し上げられ、肺の空間は狭まり、肺のなかは空気が少なくなる、これが息を吐いた状態です。

反対に息を吸うときは横隔膜が緊張して、筋繊維が収縮し短くなります。ドーム状だった横隔膜の筋肉が収縮することで、ドームの屋根が平たくなり、引き下げられます。

横隔膜が引き下がることで引っ張られ、空間が広がった肺のなかの圧力が低下します。すると物体は圧力の高いところから低いところに移動するという原理にしたがい、肺の外（体の外の空間）の圧力の高いところから、圧力の低い肺（体のなかの空間）に空気が流れ込んでくるというわけです。

このように自分の力で収縮できない肺の代わりに、横隔膜が収縮と弛緩を繰り返すことにより、わたしたちの体は細胞が必要とする酸素を取り入れ、細胞が酸素を使って産出した二酸化炭素を外に吐き出すための交換を円滑にしているのです。

次に横隔膜の下に注目してみましょう。肺は上部と左右を肋骨によって守られ、下部は横隔膜に覆われています。その横隔膜の下には多くの臓器が存在しています。胃、肝臓、腎臓、腸、膵《すい》臓、生殖器などです。みなさんが思いつく臓器のほとんどが横隔膜の下、お腹のなかに存在しています。

これらの内臓は肋骨によって守られている肺とは異なり、腹膜や腹筋群といった軟組織によって守られていて、いわば流動的で動きのある容器に入っていると言えます。

先に述べたように息を吐くときには横隔膜がドーム状の形に戻り、その下にある内臓たちのためのスペースが広がります。しかし息を吸うときには横隔膜が下がってきて内臓たちのスペースが小さくなります。

横隔膜の下にあるこの空間は柔らかいもので覆われているため、呼吸の出し入れにより横隔膜の下のお腹回りはさまざまな動きの変化をします。

お腹のなかにある内臓は骨や関節のように決められた位置にあるものではなく、大きな水風船のなかにそれらの臓器が浮遊しているような状態でいます。

そのため呼吸で横隔膜が上下に動くことにより、お腹のなかの浮遊している内臓が前後左右に動きます。

このような横隔膜の下の構造により、普通に呼吸をしていれば人間の体はお腹が膨らむようにできているのです。

人間にとって肺や心臓と同じように大切な内臓たちが、なぜ骨という硬い構造で守られていないのか？

それは呼吸のためにより自由なスペースを確保するためなのです。

## 呼吸が体を安定させる

近年ではヨガが高齢者の転倒防止の運動によいと言われて研究が進められています。

ヨガと転倒防止がどう関係があるのか不思議に思われるかもしれませんが、そこにも横隔膜の働きが関係しています。ヨガは呼吸に意識を置いて全身運動を行うものですが、呼吸で横隔膜の働きを高めることが、体のバランス力を高めると言われています。

先に書きましたように、横隔膜は肺の下に位置し、腹壁を上から覆っています。呼吸を助ける大切な筋肉のひとつに腹横筋という筋肉があり、それは体の安定をつくる体幹を覆うようにお腹回りに存在しています。

呼吸をすることで、横隔膜が体幹の上下の圧力を、腹横筋が体幹周囲の圧力をコントロールすることで、体の安定性を生み出してくれるのです。

足腰が弱ってバランスが悪くなってきたから……とスクワットなどの下半身のトレーニングをやることも大切ですが、その前にきちんと肋骨が動くように横隔膜を使い、腹壁を広げられるような呼吸をすることが重要となります。

## 呼吸は心臓の動きにも影響を与える

年齢とともに運動量が減ると、心肺機能の低下も進んでいきます。ちょっと小走りしただけで、息が荒くなり、長い地下鉄の階段を上るだけで心臓がバクバクする。こんな経験がある人は多いのではないでしょうか?

呼吸と心臓の動きには密接な関係があると言われています。

先ほどお話しした横隔膜は心臓を覆う心膜と組織的につながっています。つまり横隔膜が上下をすると心臓の動きにも影響があるということです。

呼吸が荒くなると心臓がバクバクする。呼吸が落ち着くと心臓の鼓動もゆったりとなる。

たかが呼吸といっても、血液を送り出し細胞に酸素を送る心臓を助けるうえでも大切な働きをしているのです。

呼吸を見直すこと、呼吸ができる体になることは健康への第一歩です。

## 内臓の動きにも呼吸は大切

横隔膜が胃の働きにも影響があると言われたらどう思いますか？

胃もたれ、消化不良といった言葉はよく聞かれますが、原因のひとつに横隔膜の働きが悪くなっていて、胃の入り口のコントロールができていないことや、横隔膜の収縮度が低いために、胃の位置が本来の位置よりも上がっていることがあると言われています。

実際に多くの方の体を触らせていただくと、胃の周りの緊張が高く、張っている人は呼吸が浅く、上手にできない人が多いように思います。そんな状態の人に、「お腹を膨らませるように深い呼吸をしましょう」と呼吸の練習をしても呼吸が深まるどころか、体の緊張が増して首回りで頑張って呼吸をするだけになることが多いのが現実。

胃の周りの緊張を取りながら、正しい呼吸を取り戻すために、胃のあたりに手のひらを当てて息を吸ったときに少しだけ胃をおへそのほうに誘導するようにして、手のひらを動かしてみましょう。頑張って深い呼吸をしなくては、という気持ちは忘れて、細く長い呼吸をしながら、吐くときには手の重さを感じながら息が体の外に出ていくようにして続けてみましょう。

少しずつ胃の周りの緊張がとれて、横隔膜が動き始めます。すると呼吸も胃の調子も整ってくると思います。呼吸は体のいろいろなものに影響を与えています。呼吸がラクにできる体づくり、本当に大切ですね。

## 内臓の活性化にも正しい呼吸は有益

わたしたちの体には脂肪が溜《た》まる傾向がありますが、それは動いていないところにであって、動いているところには溜まりにくいのです。

ここまで述べてきたように、多くの内臓が横隔膜の動きに応じてさまざまな動きをします。

メタボリック・シンドロームが注目され、内臓脂肪のことが問題になって久しいですが、内臓に脂肪が溜まるのは、内臓が動いていないことも大きな原因です。

内臓を動かすにはどうすればいいのでしょうか？　先に述べたように、呼吸をして横隔膜が上下に動くことにより、お腹のなかの浮遊している内臓が前後左右に動きます。そうです、正しい呼吸をきちんと行えば、内臓が動き、活性化して循環器の機能が高まり、脂肪もつかなくなるのです。

正しい呼吸はメンタル面でもフィジカル面でも大きな恩恵をもたらしてくれます。みなさんにはぜひ、正しい呼吸を体得し、健全で充実した毎日を過ごしていただきたいものです。

# 第6章

# まず15分、やってみましょう——

## 〝自由度〟を高める52のストレッチ・メソッド

## まずは自分の〝体〟を知ることから

優れたパフォーマンスを発揮し続けるスーパー・アスリートから、痛みや苦しさと無縁の健康な体で毎日を充実して過ごしている人までの共通点は、〝自由度〟の高い体です。

つまり脳から出る「こう動きなさい」という指令を忠実に実行できる体です。

「体が自分の意志通りに動くのは当たり前」と思われがちですが、それは大きな誤解です。

たとえば、「目を閉じて、両手を肩の高さに横に開き、3センチ高い位置で止めてください」または「右足裏に体重の70%、左足裏に体重の30%を乗せて立ってください」と言われて意志通りにできている人はとても少ないのです。

つまり〝自由度〟の高い人はあまりいないのです。

本章では〝自由度〟を失った人がそれを取り戻すためのストレッチ・メソッドを紹介していきます。

本来、ストレッチというものは「自分の体の状態や機能性」に気づくためのものだと思います。それをテーマにストレッチ・メソッドを具体的に提案していきます。

とはいえ、これらのメソッドには人によって適性があります。とくに現代人は筋力や柔軟性、可動域や運動能力に関しての個人差が大きい。それゆえ、いくつかの特徴を想定して実際にどのストレッチ・メソッドを採り入れたらいいかを提案します。

自分にはどれが当てはまるかを確認したうえで行ってください。

このストレッチ・メソッドを毎朝（毎日）意識して15分続けていけば、1か月を迎えるころにはご自分の体の〝自由度〟のレベルに気づき、さらに〝自由度〟を高められる状態になっていることでしょう。

具体的には、最初のうちはできることとできないこと、得意なこと、不得意なことがわかります。それらを毎日続けることでできるようになったり、苦手意識がなくなったりして、〝自由度〟が少しずつ上がっていきます。

動きを続けていくうえで、「できない」→「何が違うか気づく」「いままでと違う感覚や動きを経験する」「コツが見えてくる」→「できる」という道を辿ることを覚えておいてください。「いまできない」のはいままでこの情報に接する機会がなかったからですから、まずは新しい動きの情報集めのためにチャレンジしてみてください。少しずつ情報を感じることで変化が起こり、いつか必ず「わかった」「できる」になるでしょう。

また、ここで紹介しているストレッチ・メソッドを続けると、筋肉への刺激が高まりますし、筋力もついてきます。筋を刺激することで代謝の向上が望め、年輩の人には転倒防止にもつながります。

また、自分の不得意なことがわかれば、それに関する運動を避けていた自分に気づけます。気づいたら、逆にそれを続ければいいのです。気づいていない人は自ずと自分のできる運動ばかりやります。それは同じ動きばかりを繰り返すことになるので、体の可能性に制限をつくってしまいます。つまり〝自由度〟を損ねているのです。

せっかく運動をしているのに〝自由度〟を下げてしまう……そんな悲しいことにならないように、本章で提示するストレッチ・メソッドを介して、自分の体との対話を続けてください。

エクササイズは痛みのない範囲で無理なく行いましょう。医療機関で治療などをされている方で不安がある場合は、専門医の指示をあおぐことをお勧めします。

## ストレッチのためのカテゴリー

これからスタートするみなさんのために、ストレッチに向けてのカテゴリーとそれに該当するストレッチを記していきます。当てはまるカテゴリーを見つけたうえでストレッチを続けてください。慣れてきたら、ほかのものにもぜひ挑戦してみてください。

| |
|---|
| (番号は以下に掲載するストレッチのもの) |
| かからふたつ、もしくは49、50、51、52のなかからふたつ以上を選ぶ。 |
| 28、29、34、42のなかから三つ選ぶ。 |
| 17、24、26、29、31、38、39、40、42、43のなかから三つ選ぶ。 |
| 26、28、31、33、36、42のなかから三つ選ぶ。 |
| 27、29、32、40、42のなかから三つ選ぶ。 |
| 23、25、33、35、36、37、41のなかから三つ選ぶ。 |
| 30、31、32、35、38、40、42、48、49、50のなかから五つ選ぶ。 |
| 21、26、27、31、39、41、48、49、50のなかから五つ選ぶ。 |
| 37、38をすべて。 |
| 35、38、40のなかから三つ選ぶ。 |
| 20、21、27、30、37、39、40、42のなかから五つ選ぶ。 |
| 15、20、21、22、23、25、26、27、31、33、35、36から五つ選ぶ。 |
| 21、23、25、26、31、36、41のなかから五つ選ぶ。 |
| 23、25、33、35、41のなかから五つ選ぶ。 |
| をすべて。 |
| 20、21、23、25、26、33、34、35、36、39のなかから五つ選ぶ。 |
| 22、25、29、30、33、38、40のなかから五つ選ぶ。 |
| 27、29、34、35、40のなかから五つ選ぶ。 |
| 14、21、23、25、26、28、33、34、35、37のなかから五つ選ぶ。 |
| 21、24、27、29、31、34、35、36、37、42、48、49、50のなかから五つ選ぶ。 |

| カテゴリー | 該当するストレッチ |
|---|---|
| ★全員 | 43、44、45、46、47、48の　な |
| ＊とにかく、仕事が忙しい人 | 5、11、15、17、22、23、 |
| ＊よく眠れない人 | 3、4、5、7、11、14、15、16、 |
| ＊気持ちが安定しない人 | 5、8、11、17、18、19、 |
| ＊イライラしやすい人 | 1、4、5、11、14、16、24、 |
| ＊階段で息切れする人 | 3、4、5、9、10、19、22、 |
| ＊疲労がとれない人 | 3、5、7、15、18、26、28、 |
| ＊パソコンに向かうことが多い人 | 1、2、3、4、6、16、17、 |
| ＊よくお酒を飲む人 | 14、15、20、30、34、35、 |
| ＊寝起きの悪い人 | 5、24、26、29、32、34、 |
| ＊便秘がちな人 | 4、8、10、15、16、17、 |
| ＊腰痛のある人 | 3、5、6、7、8、12、13、14、 |
| ＊膝に問題がある人 | 6、9、10、12、13、19、 |
| ＊O脚ぎみの人 | 6、8、11、12、19、21、 |
| ＊手先・足先に違和感がある人 | 1、4、10、11、26、27、40 |
| ＊片足で立てない人 | 6、7、9、10、12、13、14、 |
| ＊「体が硬い」と思っている人 | 3、5、6、7、16、18、20、 |
| ＊四十肩、五十肩の人 | 2、4、7、8、18、21、24、 |
| ＊股関節に問題がある人 | 5、6、7、8、9、10、12、 |
| ＊姿勢をよくしたい人 | 4、7、8、13、14、15、18、20、 |

## ただ漫然とではなく

せっかくストレッチを習慣化しようとしているみなさんに、もうひとつ大切なことをお知らせしておきます。

筋トレでは対象になっている部位に意識を向けると効果が向上しますが、ストレッチもただ漫然とではなく、意識を持って行うとより良い効能が期待できます。

以下にどういう意識を持ってやるといいか、具体的に記します。

これらの複数を同時に意識するのは非常に難しいので、どれかひとつを、そして慣れてきたらもうひとつ増やすくらいの気持ちで臨んでください。

3か月経てば確実に体の〝自由度〟は向上しているはずです。

**＊今日の自分のストレッチ動作からわかる、体の状態、反応、感覚は？**

**＊体のベストな状態がわかり、いまの状態を認識したうえで、その差は何がもたらしているのだろうか？**

＊その差を埋めるために、いま自分ができることは何だろうか？

＊今日、最もよく動く（動かない）部位はどこだろうか？

＊もしパーソナル・トレーナーがいまここにいて、アドバイスをくれるとしたら、どんなアドバイスをくれるだろうか？

＊体の動きは心の状態とつながっている。どんな心の状態がいまの動きをつくり出しているだろうか？

＊ベストな体の動きを生み出す心の状態にするためには、最近のどんな出来事を思い浮かべればよいだろうか？

＊何のためにいまこのストレッチ動作をしているのだろうか？

＊もし自分の体が先生だとして、何かを教えてくれるとしたら、どこの部位をどうしろと言うだろうか？

＊このストレッチ動作を続けたら、３か月後にはどのようになっているだろうか？

さぁ、ストレッチを始めましょう！

## 01 フィンガータッチサークル　A 肘伸ばし　B 肘曲げ　C 外転挙上

最初に肘を伸ばした状態で人差し指と親指でOリングをつくります。外回しで指先から8の字を書くように手首を回します。

A　8の字を書き終わったら、中指と親指でOリングをつくり、同様に8の字を書きます。これを中指、薬指、小指と順番に行います。

B　小指まで終わったら、今度は肘を90度くらいまで曲げた状態で同じことを繰り返します。

C　小指まで終わったら、最後は腕を上げながら「キラキラ星」のように同じことを繰り返します。

＊最初からスムーズに「引っかかり」なく8の字を書けることはまずありません。脳から「指先で8の字を書け」という指令が出ているのに書けないということは、それだけ〝自由度〟が低いことになります。繰り返すことで〝自由度〟は上がっていきます。「8の字を書く」ことを意識して続けましょう。最初はゆっくりスムーズに動かせる速さで行いますが、慣れてきたら少しずつスピードを上げて動かすようにしてみましょう。

続けていくとどういう組み合わせ——たとえば肘を曲げた状態で親指・薬指の組み合わせ——で動きに「引っかかり」が出てくるかに意識を置きます。これは一種の〝気づき〟なので大切です。最終的には「ゆっくりとしたスピードで滑らかに」最後まで8の字を書き続けられることを目標にしましょう。

### A 肘伸ばし

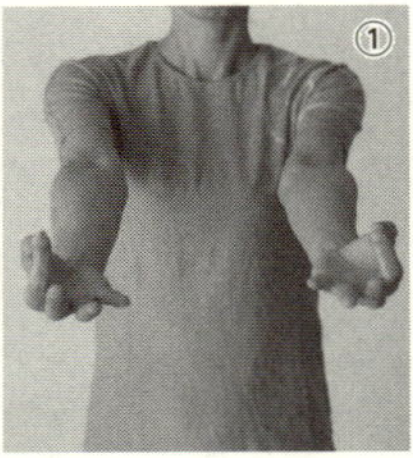


Oリングをつくって手のひらを上に向け、肘を前に伸ばします

↓

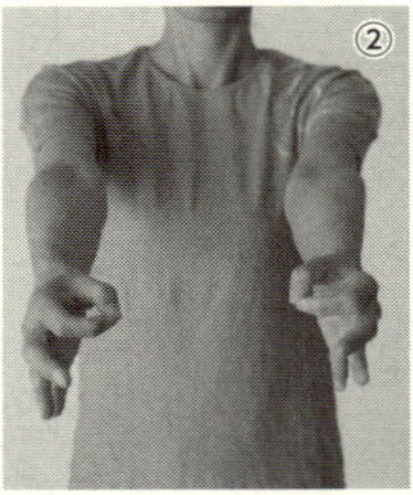


手のひらを内側に向けます

↓

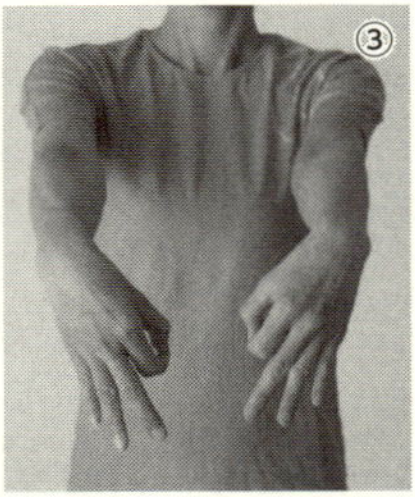


そのまま手のひらを体のほうに向けていきます

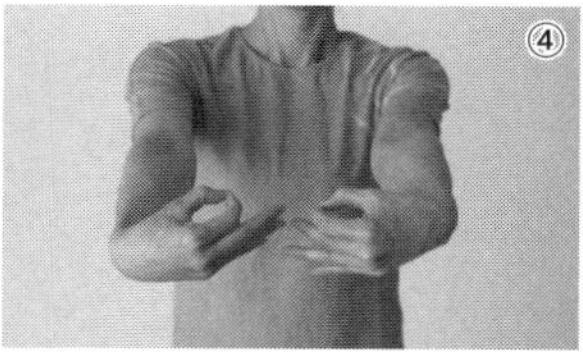


肘は伸ばして指先で８の字を描きます

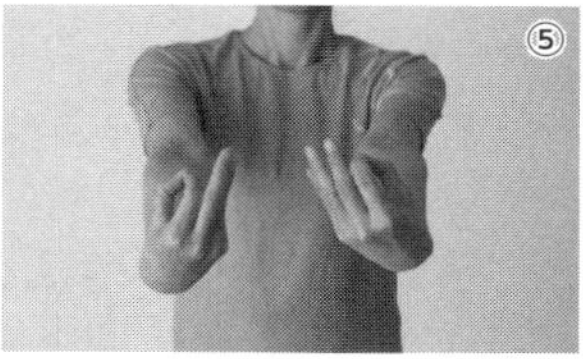


指先は真上、肘は真下に向いた状態に

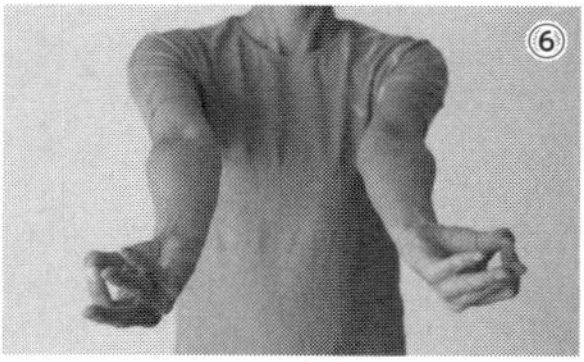


手の甲を体のほうに向けたまま、指先を弧を描くように回旋させます

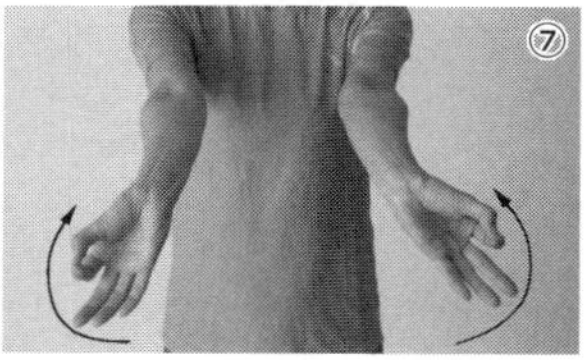


回旋は手首を中心に行います

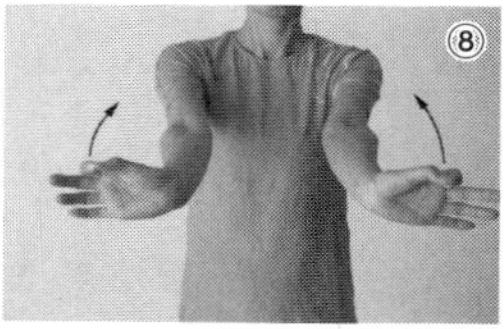


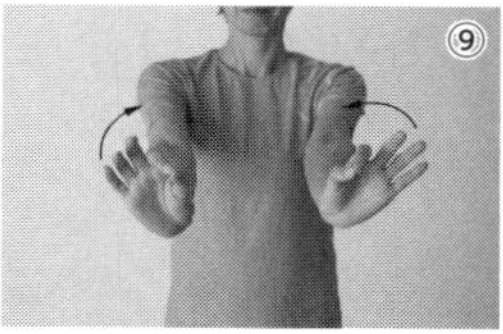


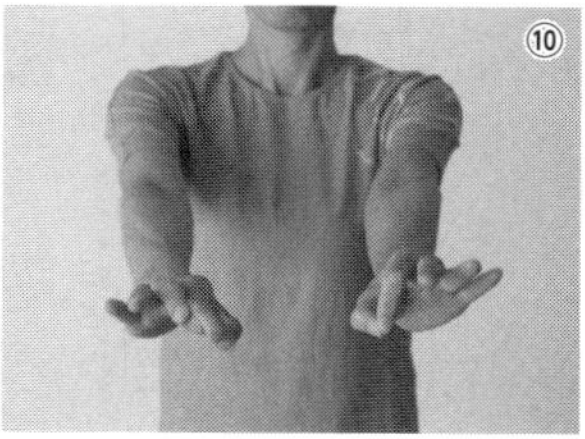


円を描ききります

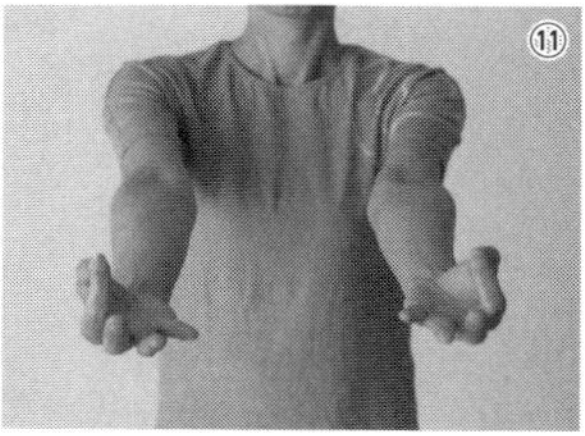


元の状態に戻ります

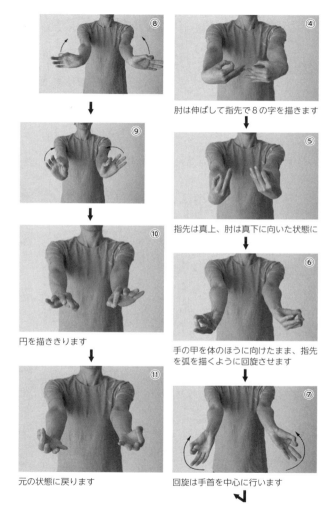

## B 肘曲げ

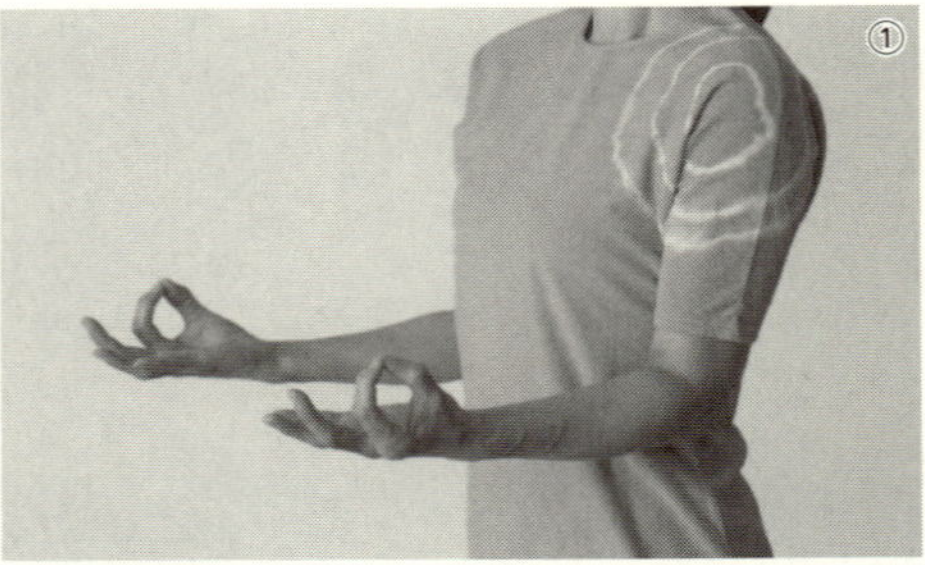


肘を90度曲げ、体側に着けて、肩甲骨を下げるようにしてAと同じ動作を行いましょう

## C 外転挙上

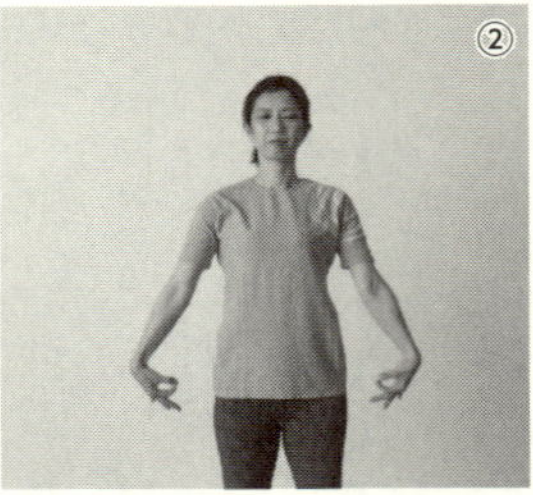


Oリングをつくって、手を下げます

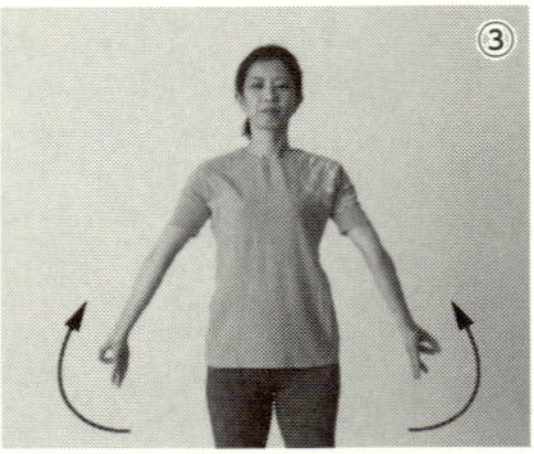


A同様、Oリングで8の字を描きつつ、同時に腕をゆっくりと上げます

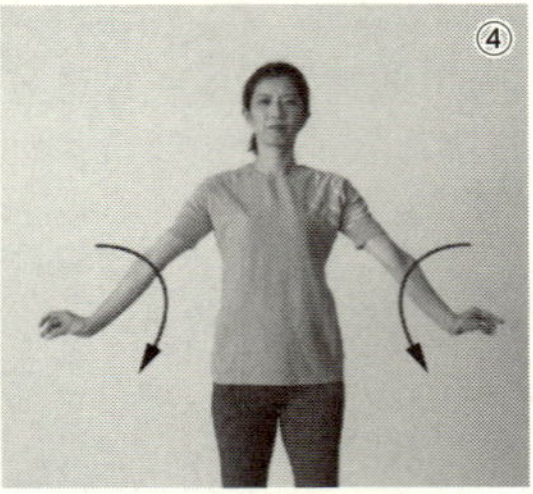


手首を使い、8の字を描きます

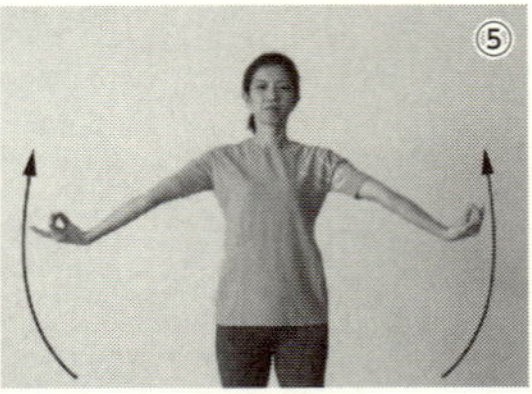

手首から8の字を動かして続けます

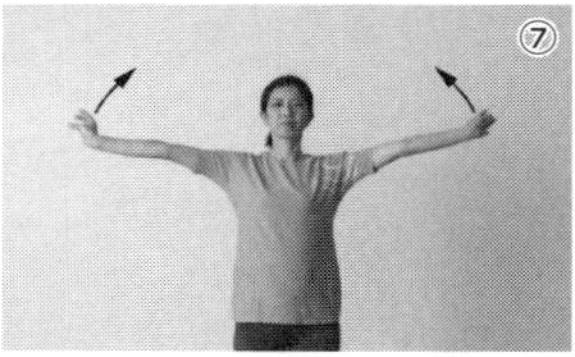


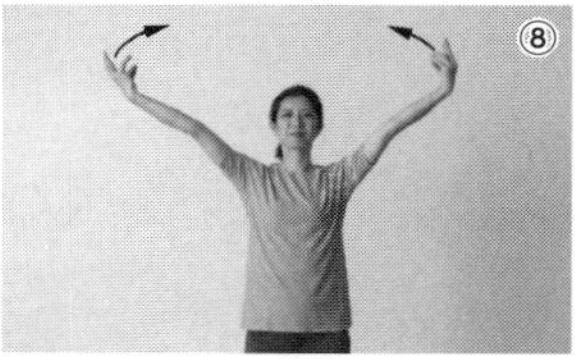

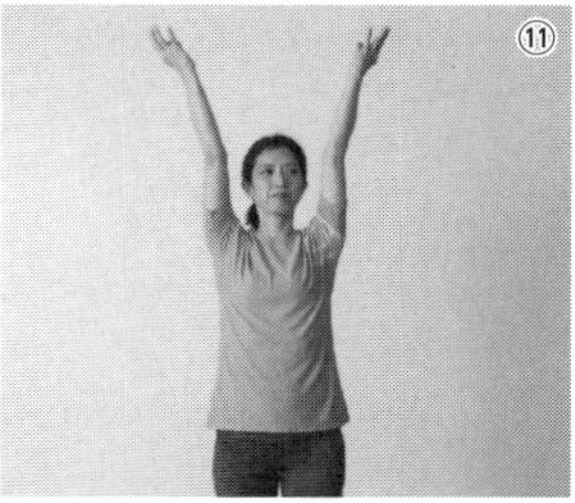


手が上にたどり着いたら8の字が描き終わっている状態にしましょう

## 02 肘サークル

拳を握り、肘を伸ばして両腕を水平に挙げます。肘を基点に拳も回しながら円を描きます。5回回したら、逆回しでやはり5回回します。

肘を水平に伸ばします。肘を基点にプロペラが回るイメージで肘から先を回転させるイメージです

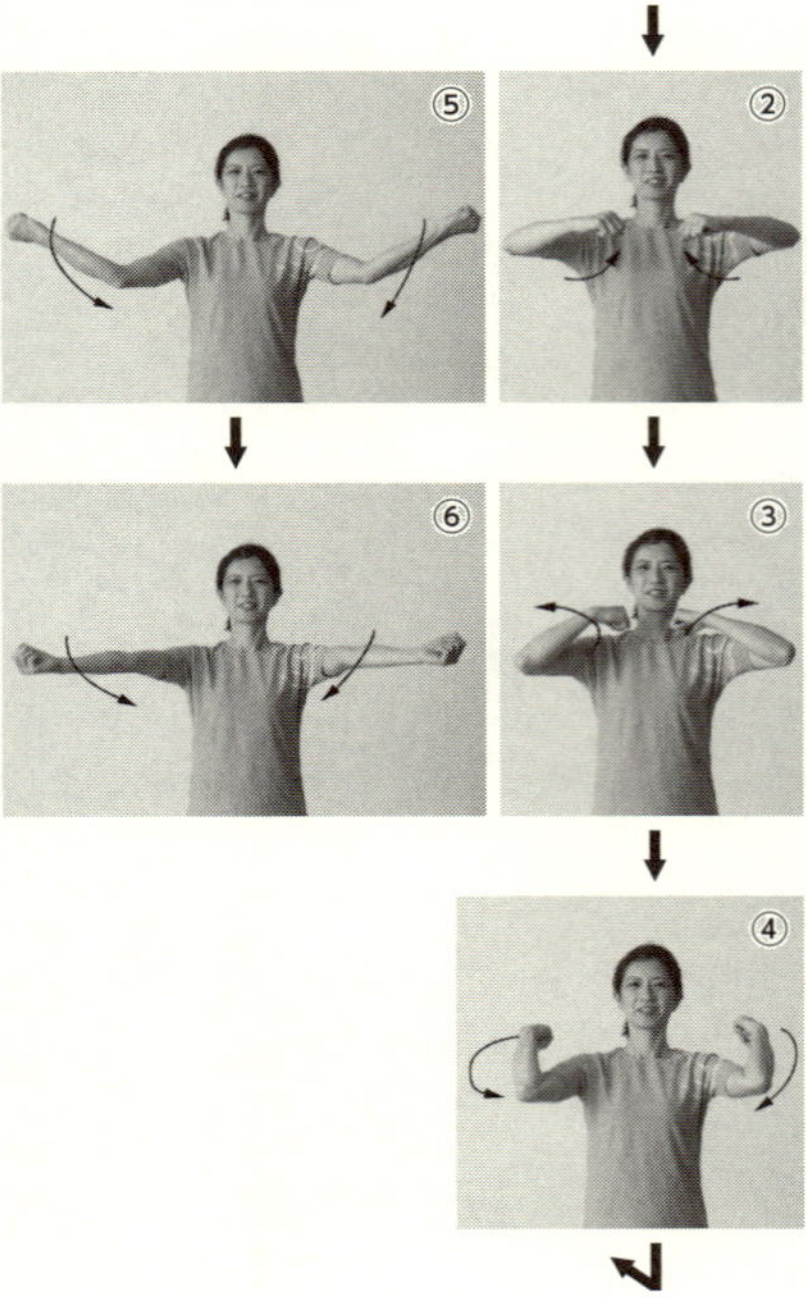


＊最初からスムーズに「引っかかり」なく円を描けることはまずありません。また肩も同時に動く傾向が強いので、肩がなるべく動かないように意識します。「滑らかに」動かすことに留意し、肘を基点にしたプロペラが水平に回るような意識で行います。最初はスローモーションで、ゆっくり動きを感じながら行います。スムーズにできるようになったら、スピードを上げていきます。最終的にはさまざまなスピードで「滑らかに」両腕が同じ動きで回ることを目標にしてください。

## 03 とんがり山

手のひらを合わせ、腕を伸ばして頭の上に持ってきます。手のひらを離し、回転させ外に向けながら肘を曲げていきます。肘が直角になったら、肘を後ろのほうに引くように下げていきます。「これ以上、下がらない」ポイントまで下がったら、最初に戻って同じ動作を繰り返します。これを20回繰り返してください。

＊肩甲骨が下がりながら体の中央に寄っていく感覚に意識を置いてください。肘は真横よりはちょっと後ろにいくような、背中に引く感じで。慣れてきたらなるべくゆっくり行うようにします。

この状態から肩甲骨を下げつつ、両肘を斜め後方へ引っ張るように下げていきます

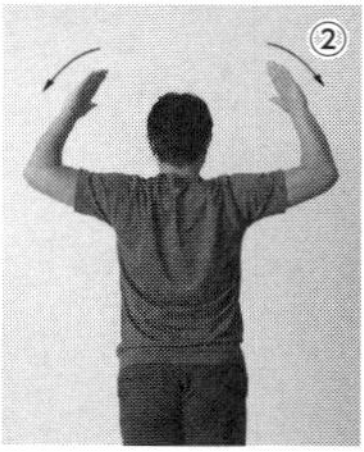

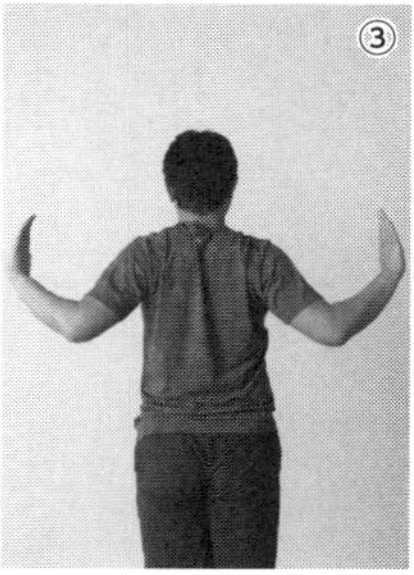

「これ以上、下げられない」ところでフィニッシュ

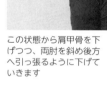

## 04　肩甲骨サークル

両指先を両肩に乗せます。体の横に肘で車輪を描くように、肩を前向きに回します。1周したら逆回転（後ろ回し）します。これを20回繰り返してください。

＊肩甲骨が動いていることに意識を向けてください。胸は多少前後に動いても問題ありません。

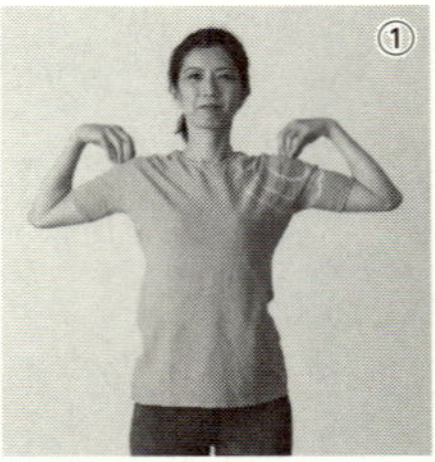


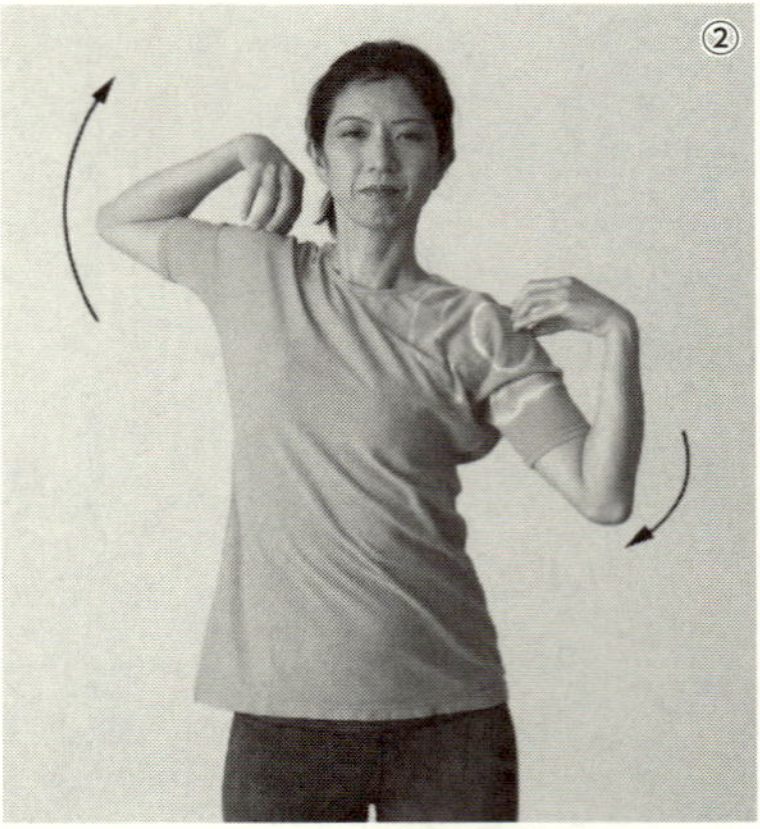


片方の手が上にあるとき、
もう片方の手は下に

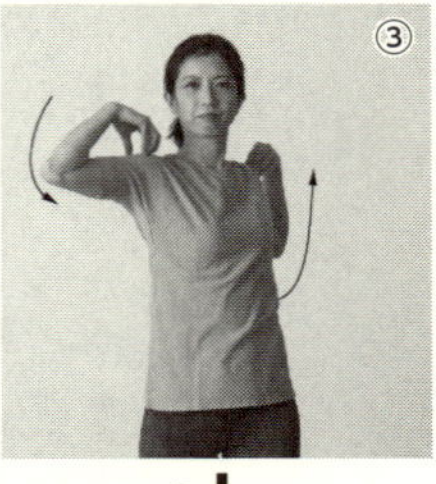

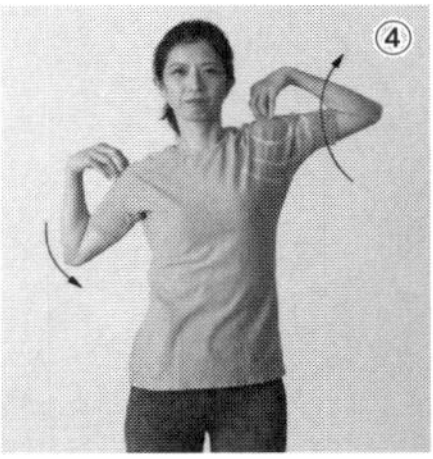


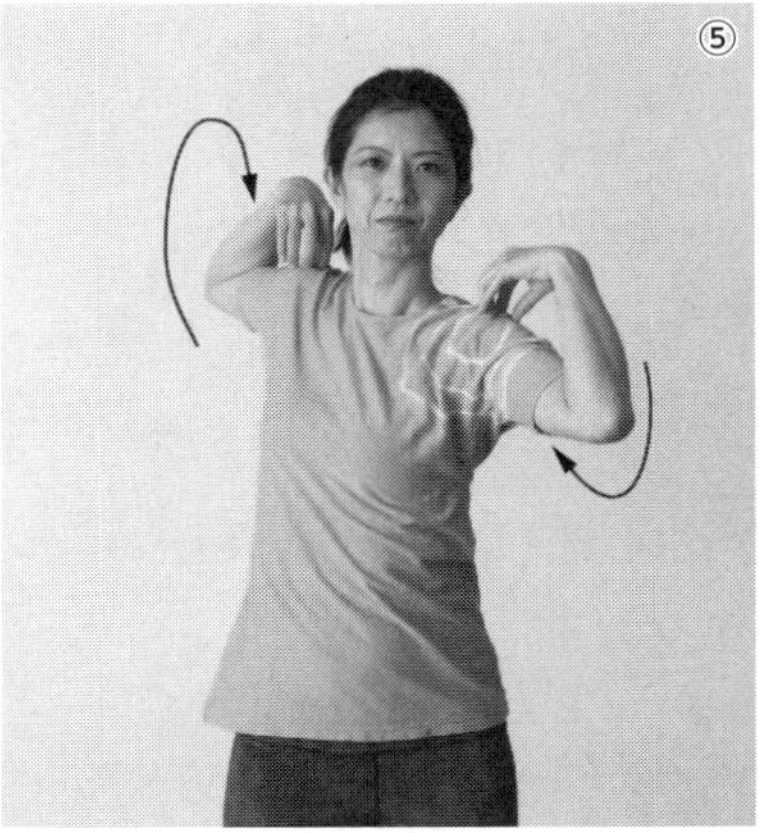


片方の手が前にあるとき、
もう片方の手は後ろに

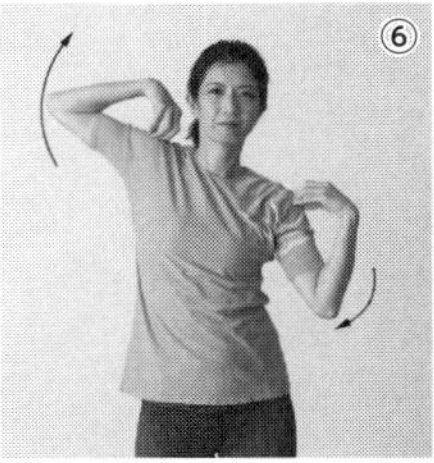

## 05 胸郭サークル

両手を腰に当て、お臍あたりを支点にしてウエストから上だけを円を描くように回旋させます。ひと回りしたら、逆回転でひと回りさせます。これを右回転10回、左回転10回、合計20回繰り返します。呼吸が止まりがちになるので、気をつけてください。

＊骨盤は動かしません。かなり難しいのですが、繰り返せば徐々にできるようになります。

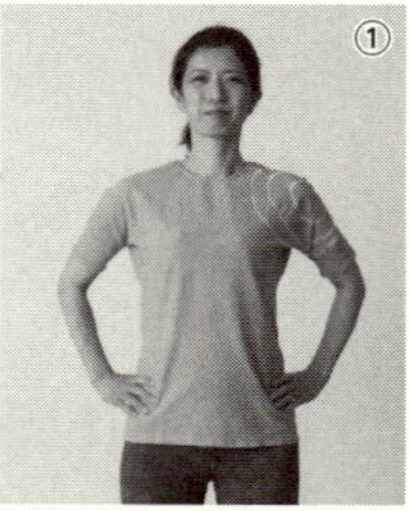

みぞおちを右にスライドさせます

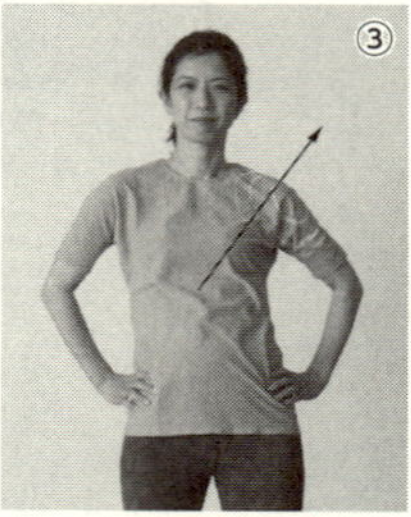

みぞおちを後ろに引き戻します

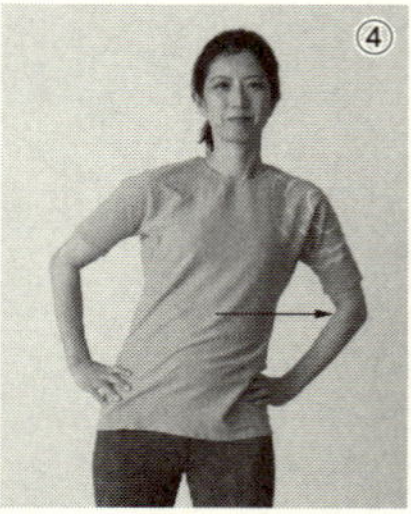

みぞおちを左にスライドさせます

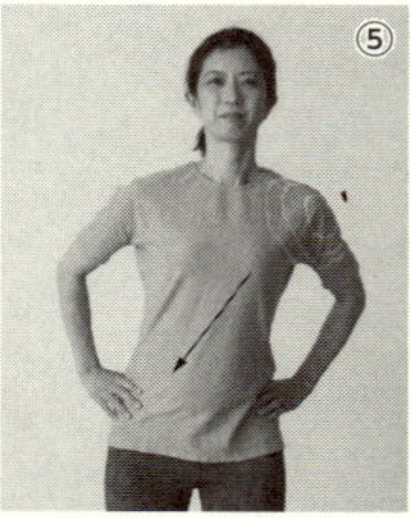

円を描くように元の位置に戻します

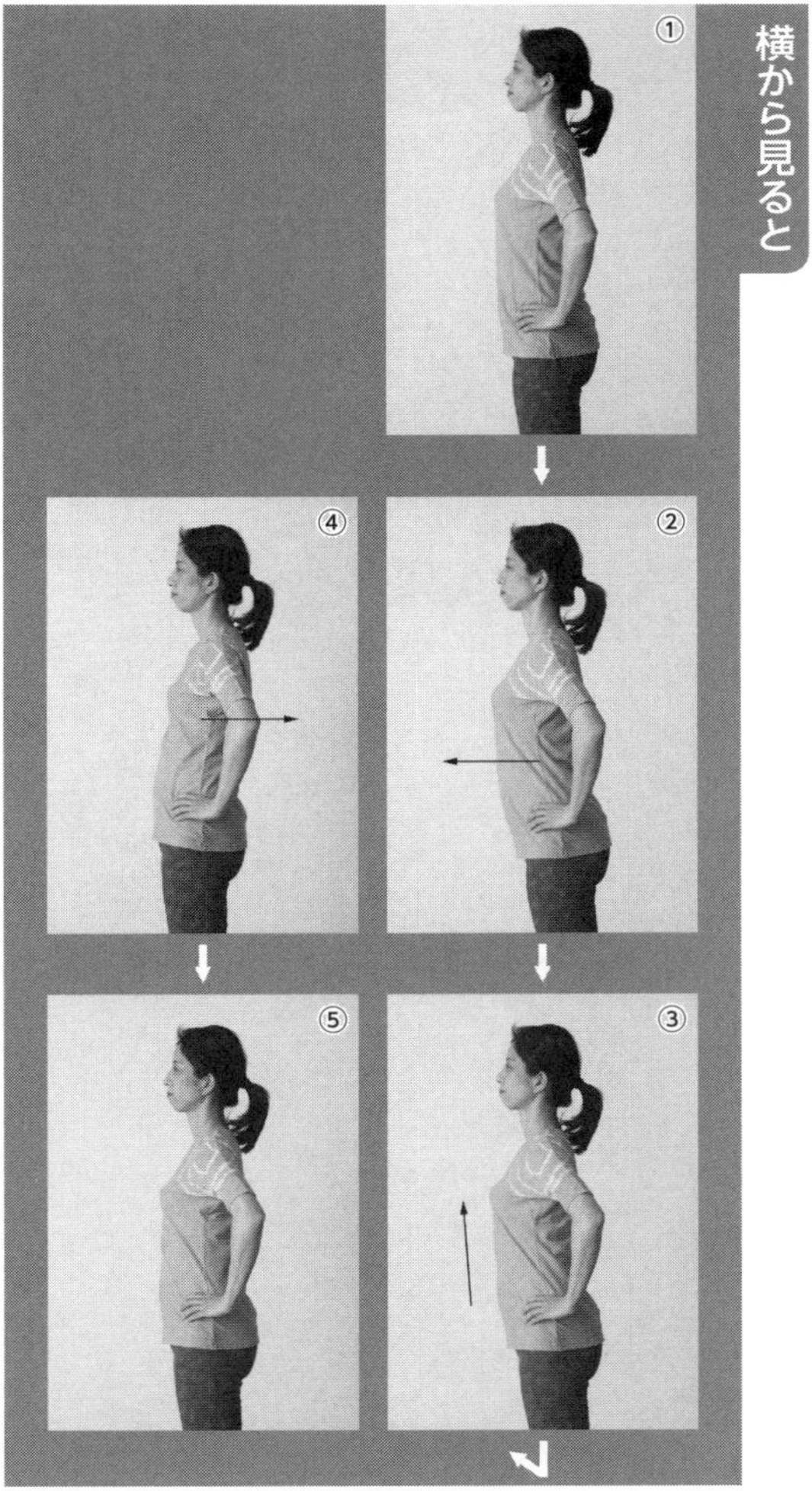
横から見ると
①
②
③
④
⑤

## 06 ペルビックティルト（あぐら）

床にあぐらをかいて脊柱を真っすぐにして座るか、椅子に座って脊柱を真っすぐにします（あぐらがキツいときは無理をせずに椅子を使ってください）。まず骨盤を後ろに倒します（後傾させます）。後傾していることを確認したら、今度は骨盤を前に倒します（前傾させます）。前傾していることを確認したら、元の状態に戻ります。これを10回繰り返します。

＊背中や肩の位置はなるべく動かさないようにして、骨盤〝だけ〟が前後に傾いていることに意識を向けてください。

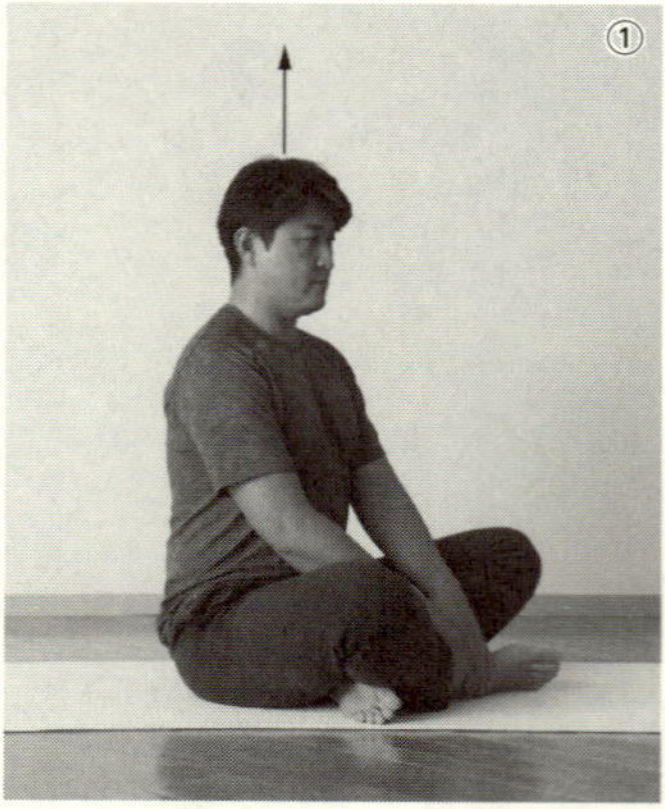


頭にひもをつけて引っ張られている感覚で伸ばします

↓

骨盤を後傾させます

椅子使用の場合

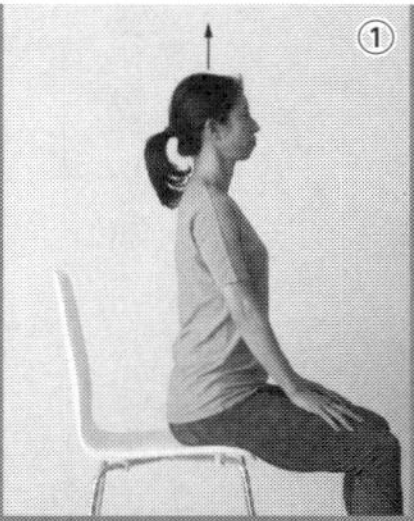


頭にひもをつけて引っ張られている感覚で伸ばします

↓

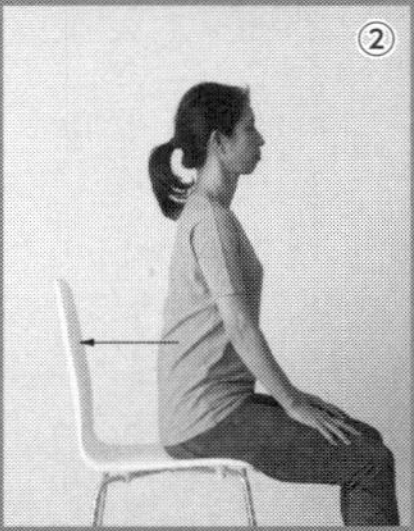


骨盤を後傾させます

↓

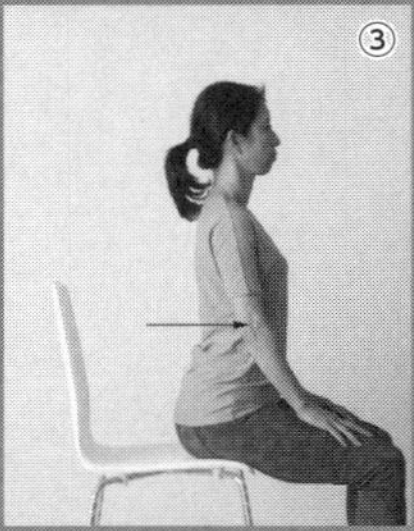


骨盤を前傾させます

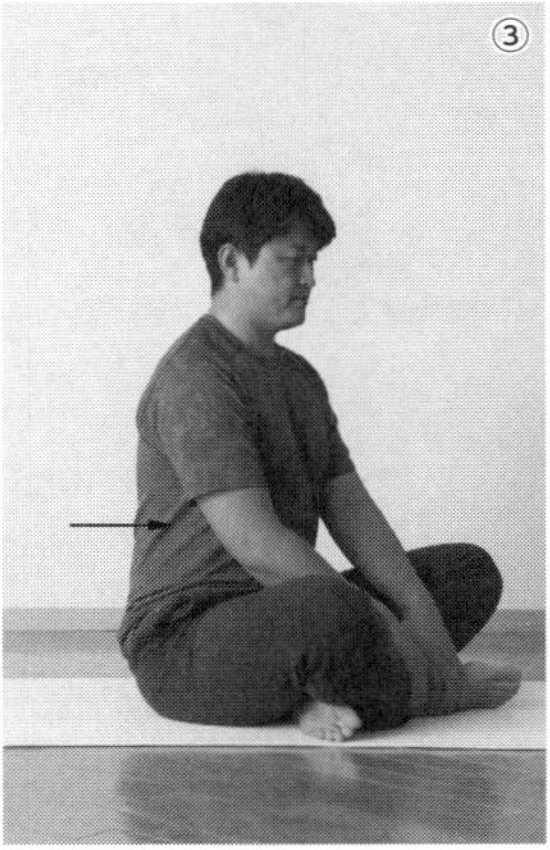


骨盤を戻します

↓

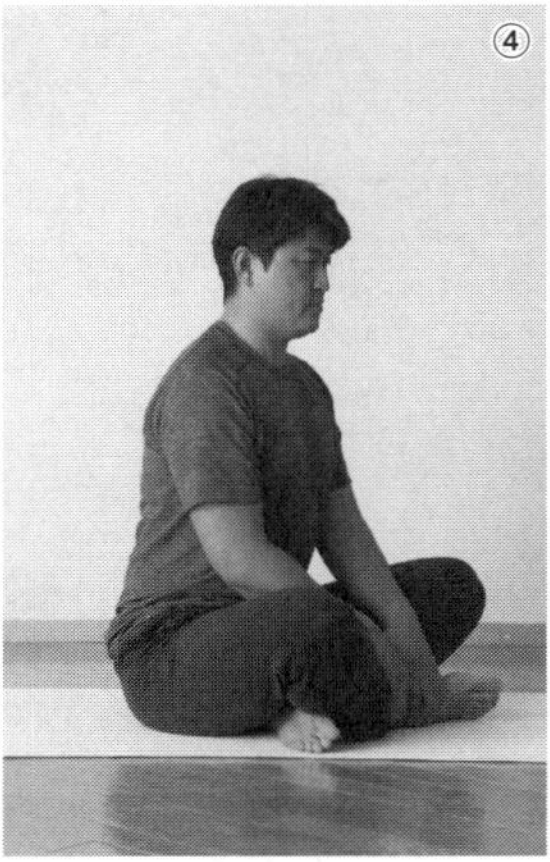


骨盤を前傾させます

## 07 骨盤脊柱サークル

四つん這いになります。手のひらは肩の真下、膝は脚の付け根の真下に。膝は直角になるようにします。みぞおちで大きな円を描くように動かします。みぞおちを動かしているとき、脊椎と頭も一緒に動くようにします。みぞおちが上に行ったら、脊柱は上に頭は下に。みぞおちが下に行ったら、脊柱もグーッと下に頭は上に行く感じです。右回り5回転・左回り5回転行います。

＊みぞおちで円を描く感じ。骨盤と脊柱が連動して波打っている感覚でやりましょう。

まず右上方向へ

上方向はキープしながら左へ

左はキープしながら下方向へ

真下方向へと持ってきます

正面から見ると

## 08 腰椎伸展（正座）

正座から前屈しておでこを地面に着けるようにします。肘は肩の真下に。腰は極力動かさないように意識して、胸だけを反らせるように。反らせたら今度は天からひもで背中を引っ張られるように背中を丸めます。首の後ろは長くするイメージです。これも胸郭だけを動かすように意識します。これを5回繰り返します。

＊最初はほとんど動かせないことが多いですが、続けることで徐々に動かせるようになってきます。

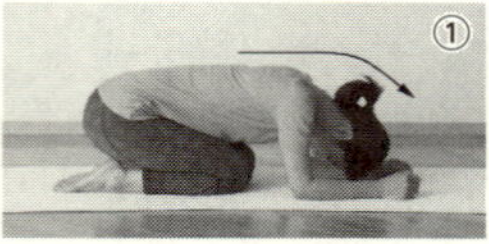


↓

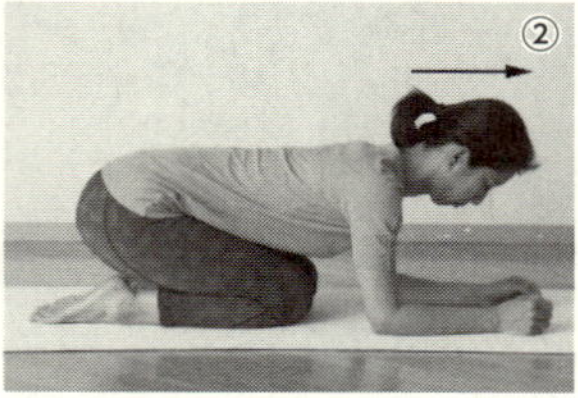


何かで引っ張られているイメージで頭を上げます

胸だけを反らせます

↓

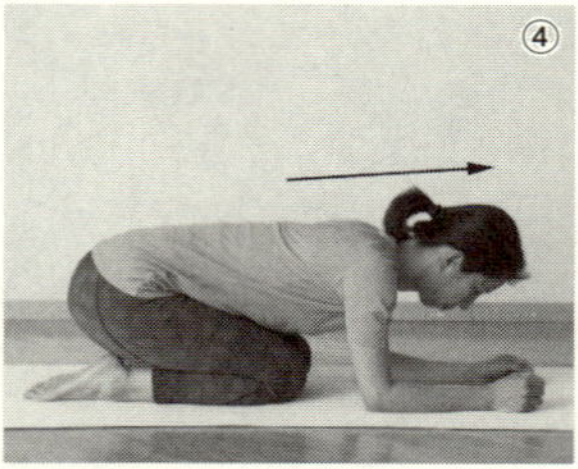


頭は引っ張られたまま下げます

↓

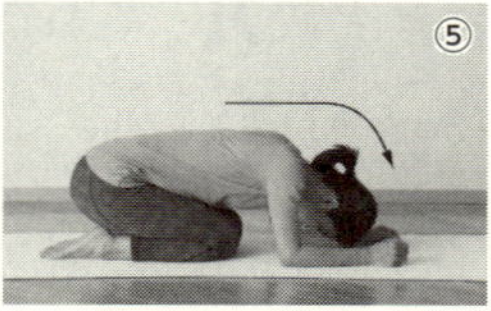

## 09 仰向け股関節回し

仰向けになって、股関節を軸にして片足を回します。膝で円を描くように、股関節だけを使って動かします。元に戻ったら逆回転を同様に行います。これを両足5回ずつ行います。

＊まるで「自分ではない何か」に引っ張られているかのような感覚で回します。

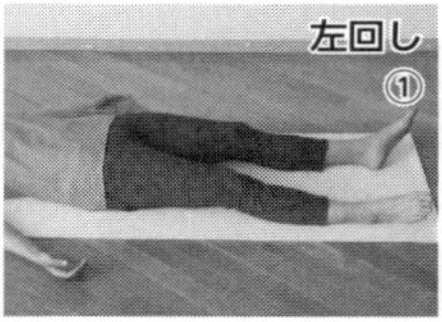


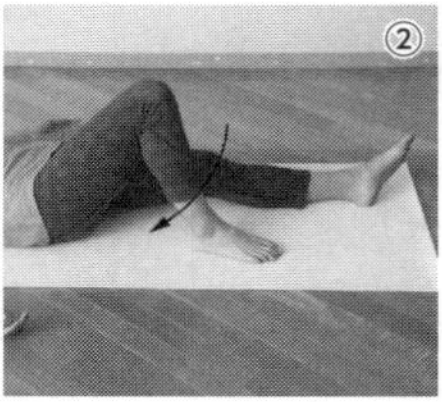

膝を内側から回すように立てます

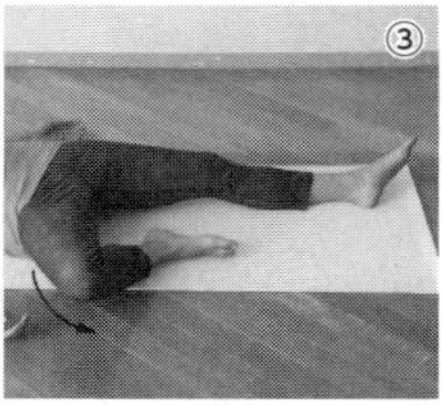

そのまま外に倒すように回します

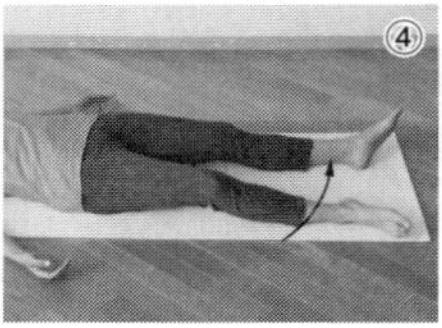


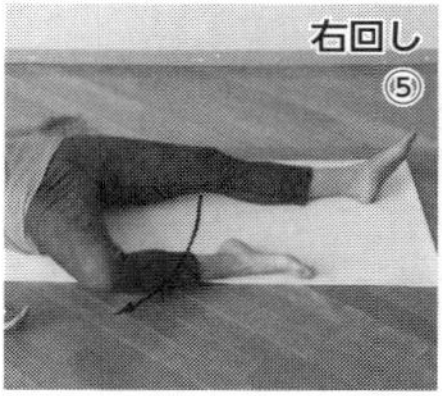

今度は膝を外側から回すように立てます

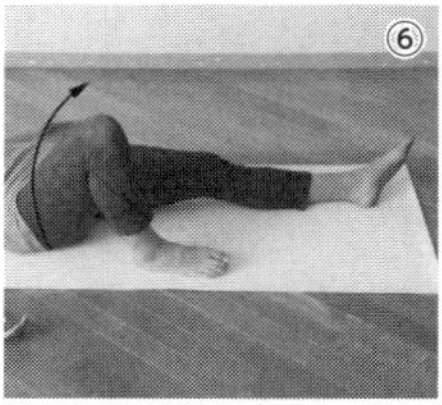

内側から倒すように回します

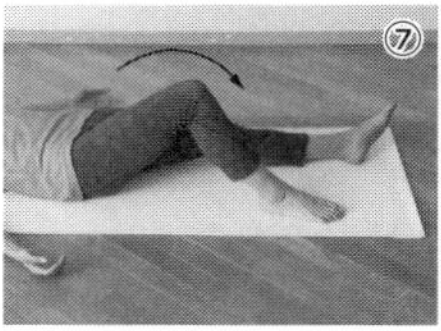


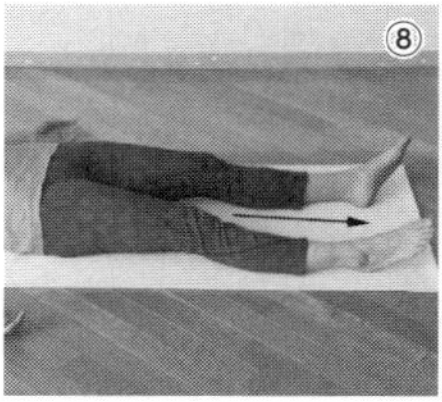

終わったら膝を伸ばします

## 10　仰向け股関節ワイパー

仰向けになって、脚を浮かせます。股関節、膝関節は90度にします。膝を固定させた状態（膝を支点にする）で、膝から下を自動車のワイパーのように左右に振ります。これを20回繰り返します。

＊股関節だけで動かします。背中とお尻が動かないように。

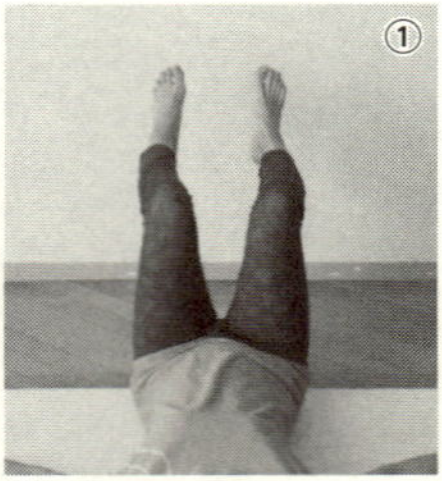


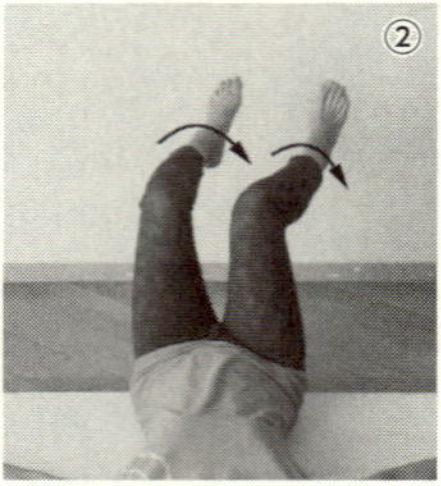


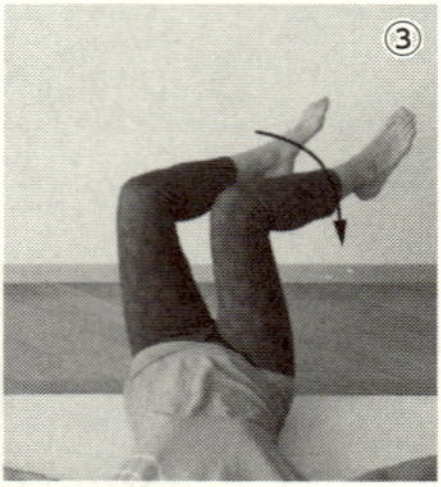


膝を基点に左足、右足を同時に動かします

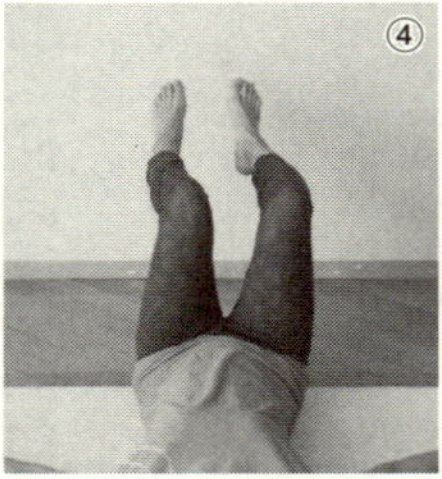


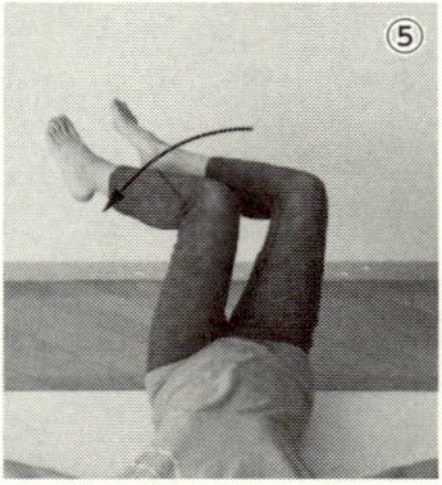


左側も同様です

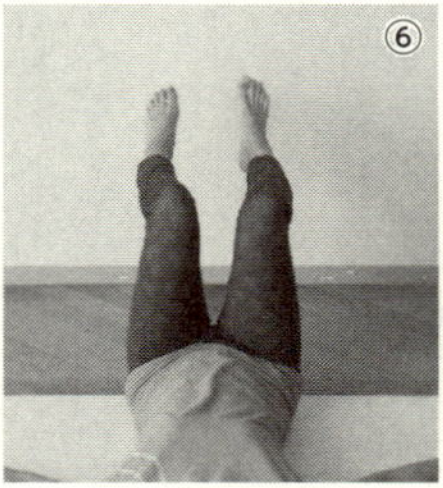

## 11 5本指開き（グーパー）

床に長座で座ります。踵を床に立て、足先がよく見えるようにします。足の指すべてを使ってグー（足指すべてを曲げる）、パー（足指すべてを広げる）を繰り返す。5回繰り返しましょう。

＊足指を大きく動かしましょう。呼吸が止まりがちです。呼吸はしっかり行いましょう。普段5本指ソックスを履いているとやりやすくなります。

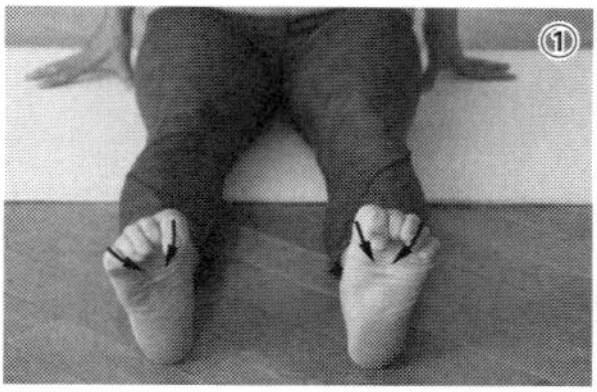


グーっと握ります

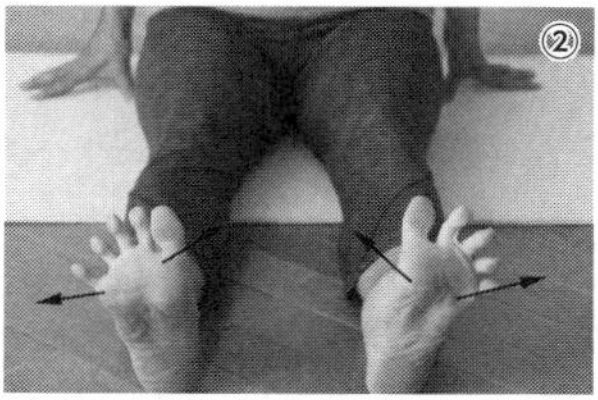


パーっと開きます

## 12 4点重心

こぶしひとつ分第一指（親指）の間を空けて、平行に足を置き真っすぐ立ちます。左つま先を①、左踵を②、右つま先を③、右踵を④と番号を振り、①－②－③－④の順番で、体重を移動させていきます。

＊呼吸が大切です。①～④のポイントを1セットとして、最初の4セットは①－②で吸い、③－④で吐く。残りの4セットは1セットで吸い、次の1セットで吐くを継続します。

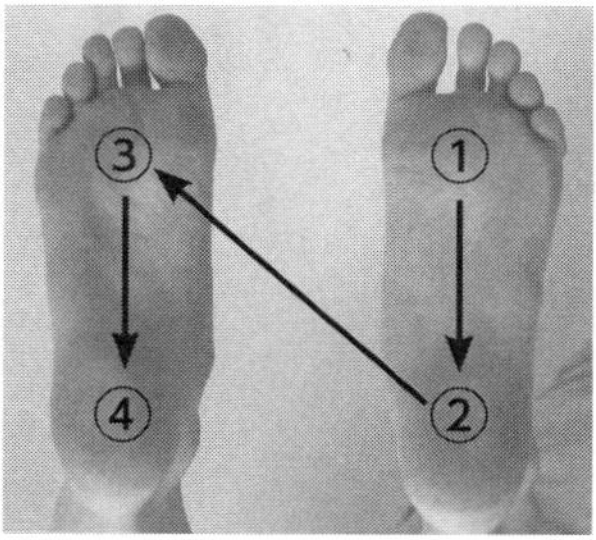

## 13　うつ伏せ　つま先プッシュ

うつ伏せになります。手のひらを重ねて、その上におでこを乗せます。足先を立て、膝を浮かせます。その状態で体全体が前後に動くようにつま先〝だけ〟でグッと押します。前後に10往復繰り返します。

＊浮かせるのは膝まで、骨盤から胸は床から離れません。足先から上半身に力を伝える感覚に気づいてください。

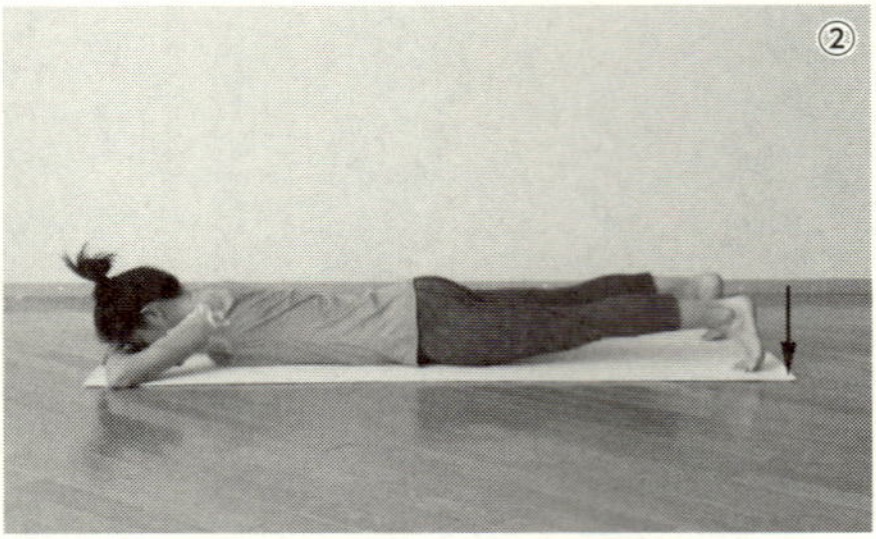

つま先で床を押して膝から下を浮かせます

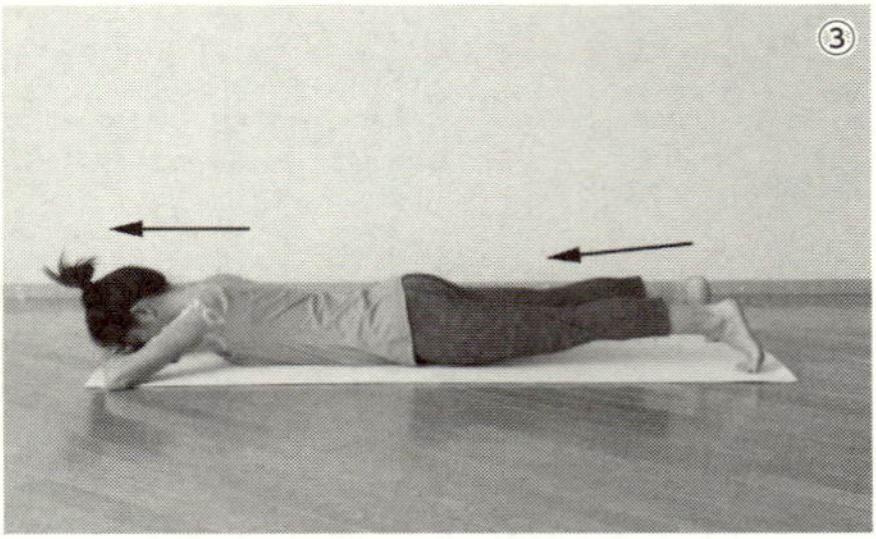

つま先と骨盤から胸を使って体全体を前後させます

## 14 四つん這い　ヘッドToニー

四つん這いになります。手のひらは肩の真下、膝は脚の付け根の真下に。膝は直角になるようにします。右の膝が上がってくるのを意識しながら背中をグーッと丸め、膝をおでこに近づけます。おでこに近づいたら今度は逆にグーッと背中を伸ばしながら膝を元の位置に戻します。左右1セットを5回繰り返します。

＊両手のひらと動かさないほうの膝の3点でしっかり地面を押してください。背中が丸まってくるタイミングで、一緒に膝がついてくることに意識を置いてください。背中を丸める際に息を吐き、伸ばすときに吸います。

息を吐きながらおでこと膝を近づけます

息を吸いながらおでこと膝を離していきます

## 15 仰向けスパイラルツイスト

両手を広げて、仰向けになります。膝を立てます。その際、両膝はくっつけておきます。そのまま足を浮かせて、膝を胸の上まで移動させます。移動したら胸郭の横（脇腹）で動かすことに意識を向けて、膝を離さないで左右に動かします。これを5往復繰り返します。

＊背中の上部は床に着いた状態で行います。膝は体に近い位置をキープしてください。背中を丸めるように行いましょう。

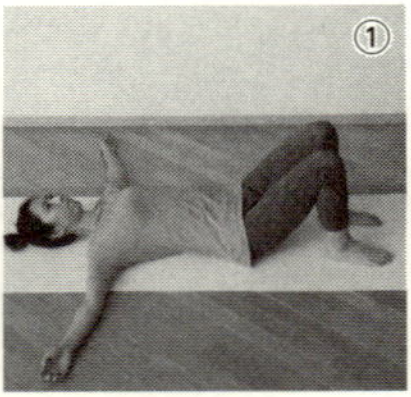


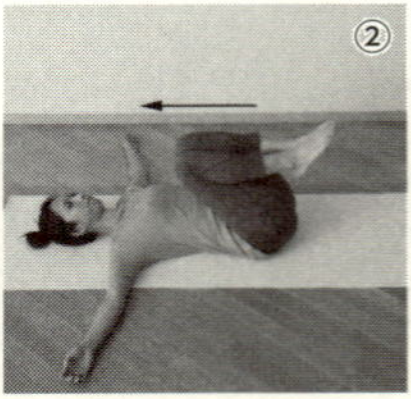


息を吸いながら両膝を胸の前まで上げます

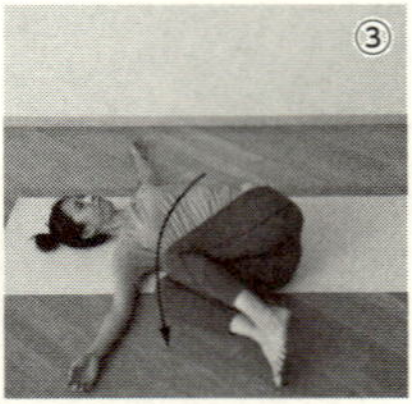


ゆっくりと右側に両膝を下ろします。バタンとならないように

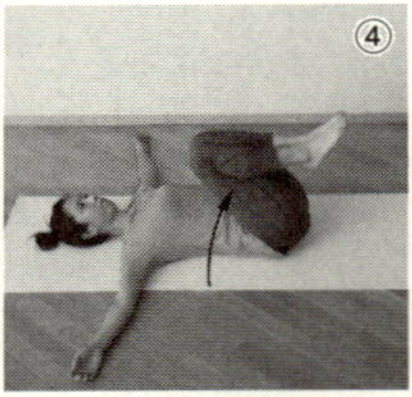


ゆっくりと元の位置まで戻します

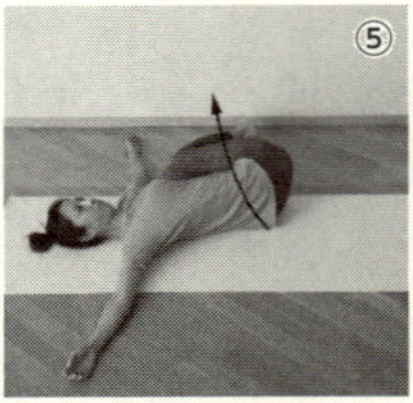


今度はゆっくりと左側に両膝を下ろします

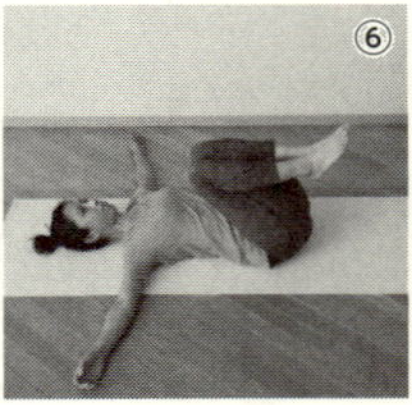

## 16 全身グーパー

仰向けになります。両膝をつけたまま胸で抱え込みます。その際、膝におでこを近づけます（グー）。グーができたら、両腕と両脚を伸ばし、右体側で体を支えます。その状態で両手・両脚を広げます（パー）。パーができたら、体を支えるのを右体側から背中に変え、再びグーに戻ります。グーができたら今度は左体側で体を支えて同じ要領で左側を行います。これを3往復します。

＊ゆっくりしっかり体の曲げ縮みが行われていることに意識を向けます。バランスが崩れやすいので注意してください。呼吸は体を縮めるときはゆっくり吸って、伸ばすときにゆっくり吐きます。

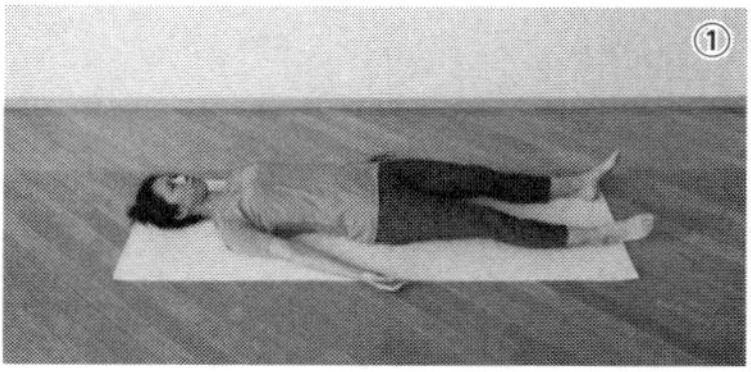

膝とおでこを近づけて「グー」をつくります

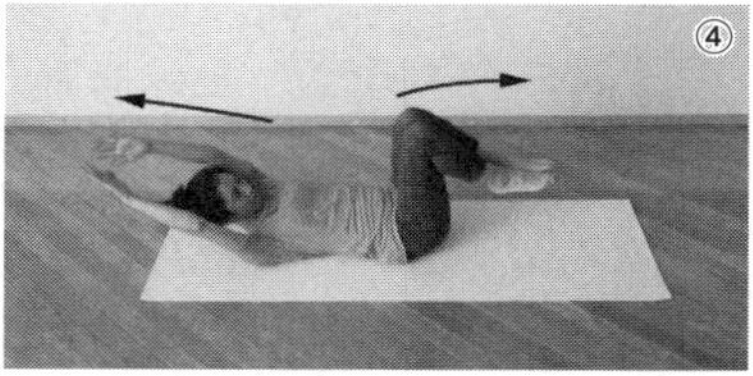

グーが出来たら両腕・両脚を伸ばし、右の体側に体重を移動します

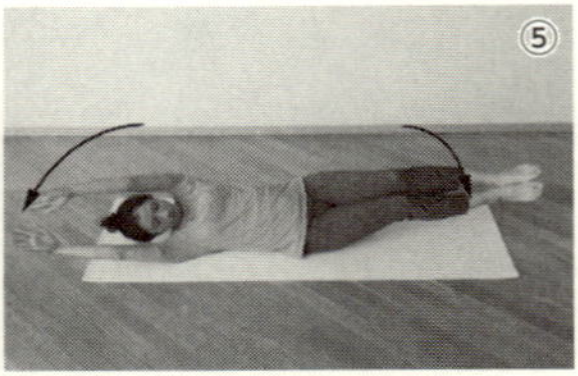


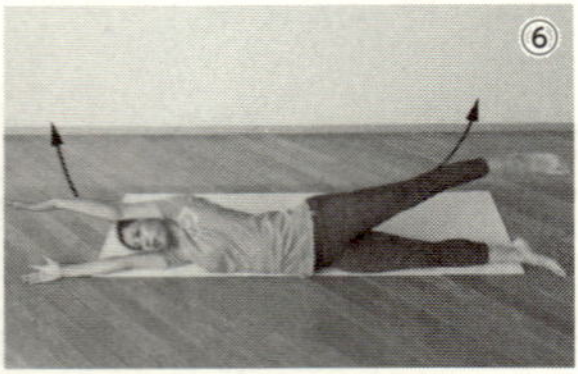


右の体側に乗り切ったら、両手・両脚を広げ、「パー」をつくります

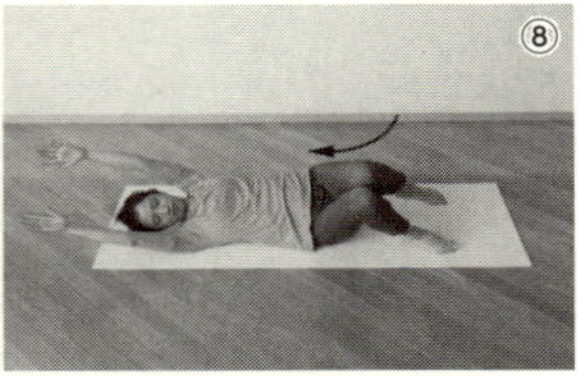


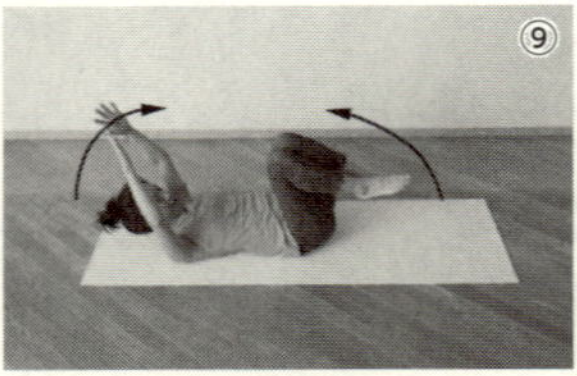


パーができたら、またグーへと戻ります

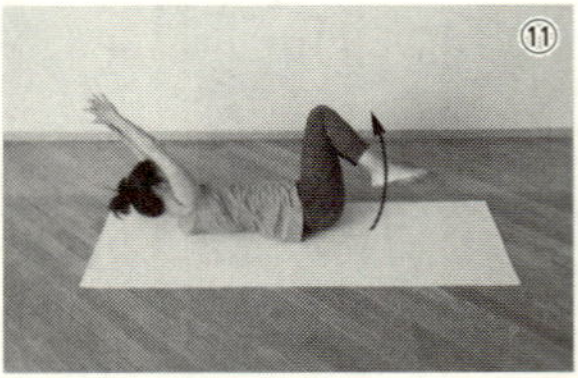


グーができたら両腕・両脚を伸ばし、左の体側に体重を移動します

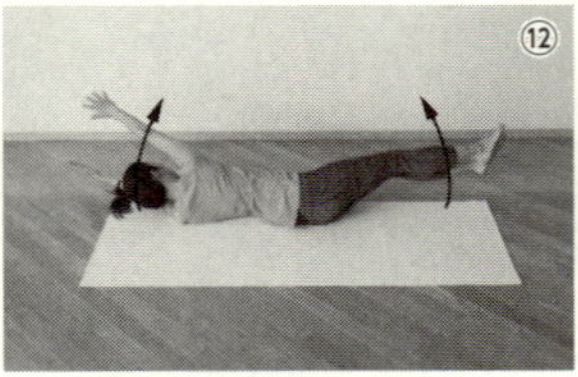

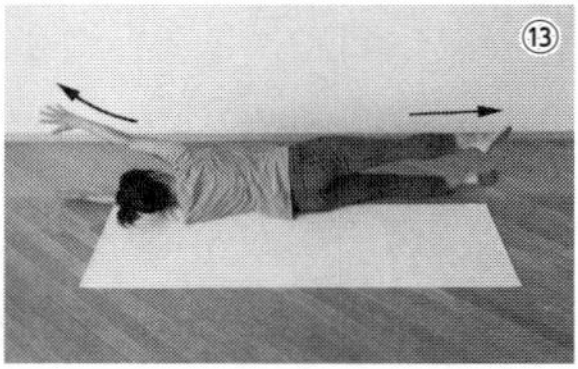


左の体側に乗り切ったら、両手・両脚を広げ、「パー」をつくります

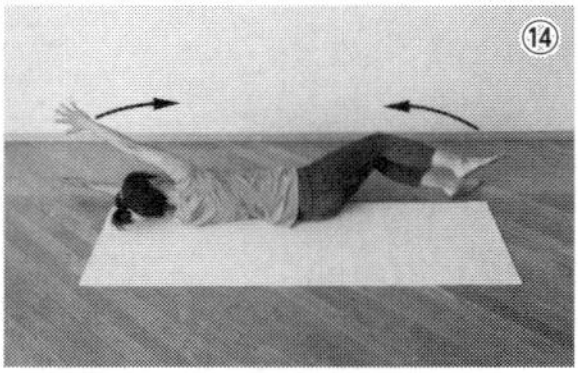


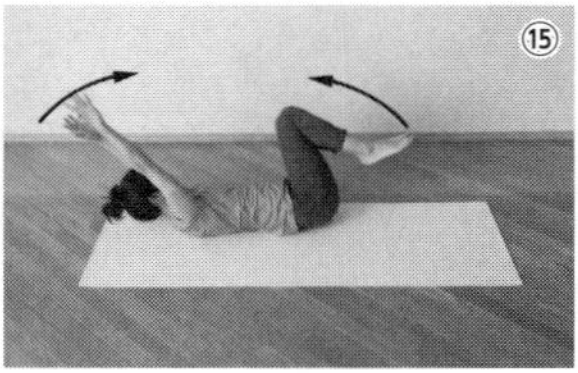

パーができたら、またグーへと戻ります

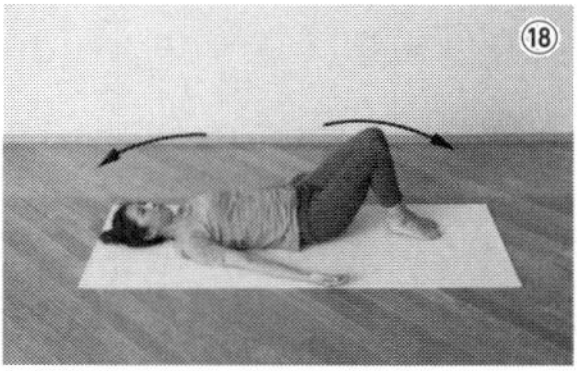


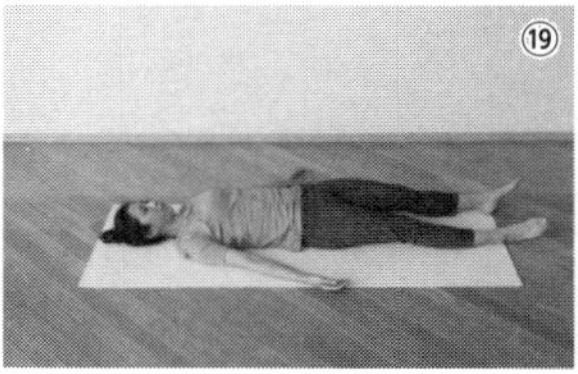

## 17 ダルマ転がし

体育座りのようになり、両腕を両膝の下で組みます。徐々に後ろに体重移動し、ゆっくりと背中を床に着けていきます。着いたら今度は同じ軌道で体を起こしていきます。背中の丸みを利用して起き上がります。これを5回繰り返します。

＊腹筋は使わず、背中で動きます。背中を柔らかくすることに意識してください。顎《あご》が上がらないように気を付けてください。

ゆっくりと背中を床に着けていきます

バタンとならないように

着いたら同じ軌道で体をゆっくり起していきます

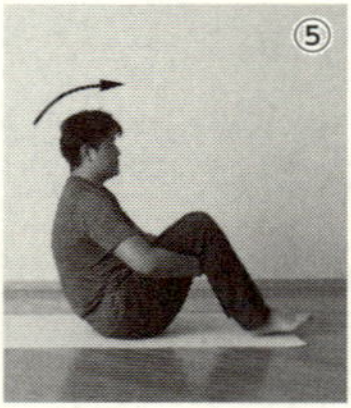

## 18 胸郭ローテーション

正座の状態から前屈して、頭を抱えて両肘を立てます。右の肘を上げ、ゆっくり胸を開きながら上半身が完全に右向きになるまで起こします。このとき、キチンと胸が開いていることを確認してください。ゆっくり元の状態に戻し、戻ったら今度は左側を行います。これを5往復します。

＊胸も脇も背中も開くことに留意してください。胸郭を広くする感覚です。下の肘できちんと支点をつくること。

胸を開きながら完全に右向きになるまで起す

胸を開きながら完全に左向きになるまで起す

## 19 ヒールToトゥ

肩幅に足を開いて立ちます。踵に重心を置いて、足先を上げます。足先を床に着け、そのまま背伸びをするように踵を浮かせてつま先立ちになります。同時に両手も真上に上げます。完全に上がったら、踵を下ろし、両手も下げていきます。足裏が完全に床に着いたら、足先を上げて踵に重心を移します。移し終わったら、元の姿勢に戻ります。これを5回繰り返します。

＊両手両足が伸びている状態のとき、指先と足先が両方向に引っ張られている感じです。ふくらはぎとお尻の筋肉を使う感覚です（床を押して天にグーッと伸びる）。

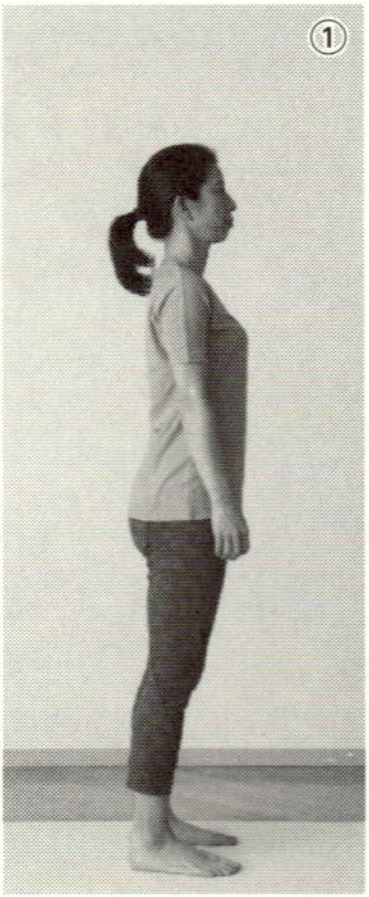


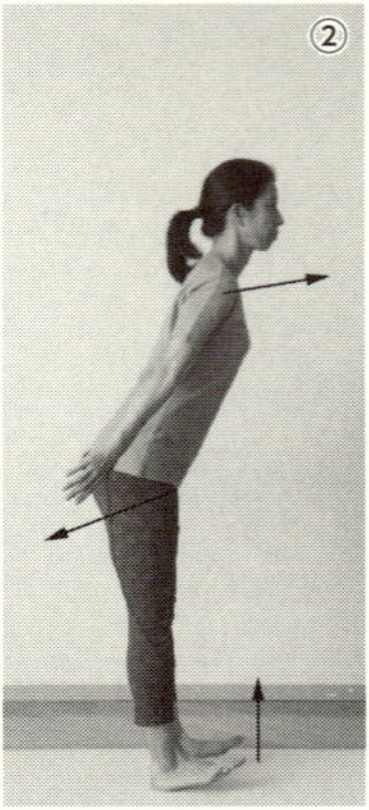

踵に重心を置いて、足先を上げます

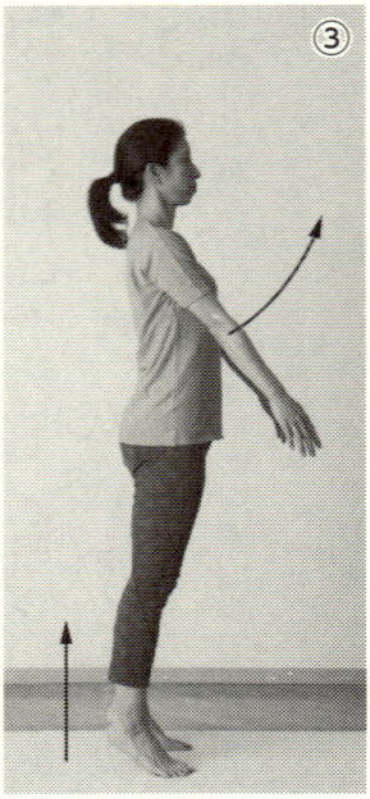

足先を床に着け、背伸びをするようにする

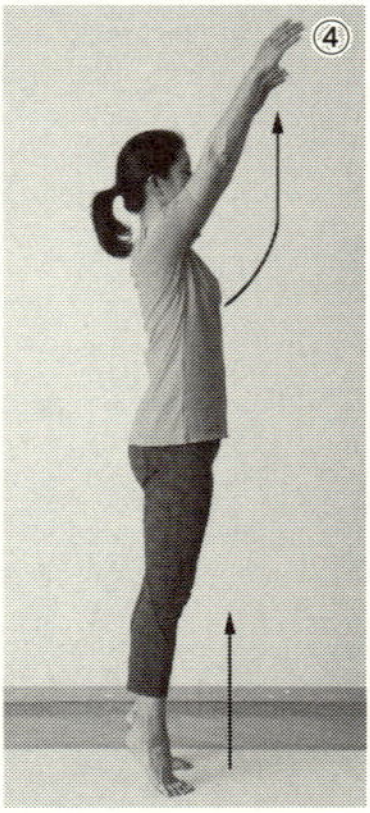

踵を浮かせてつま先立ちに。両手は真上に

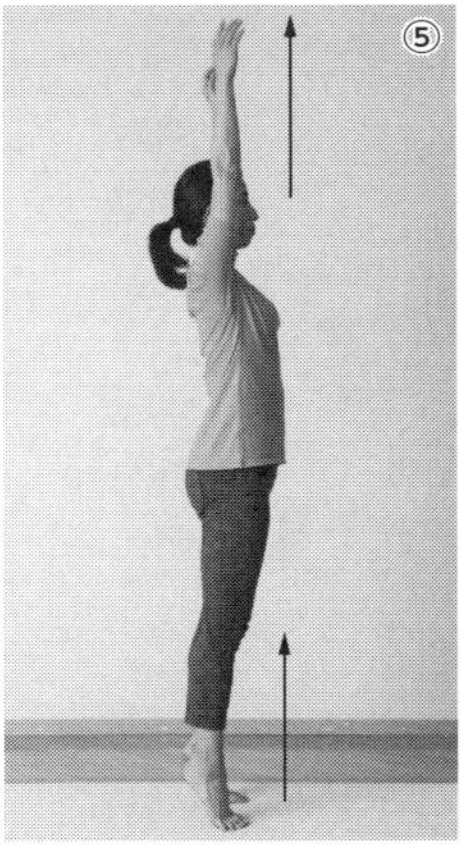


ここまで伸ばします

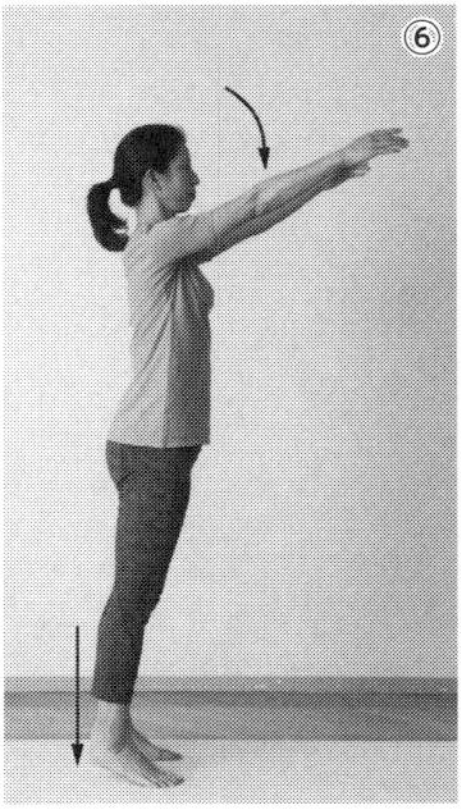


踵を下ろし、両手も下げていきます

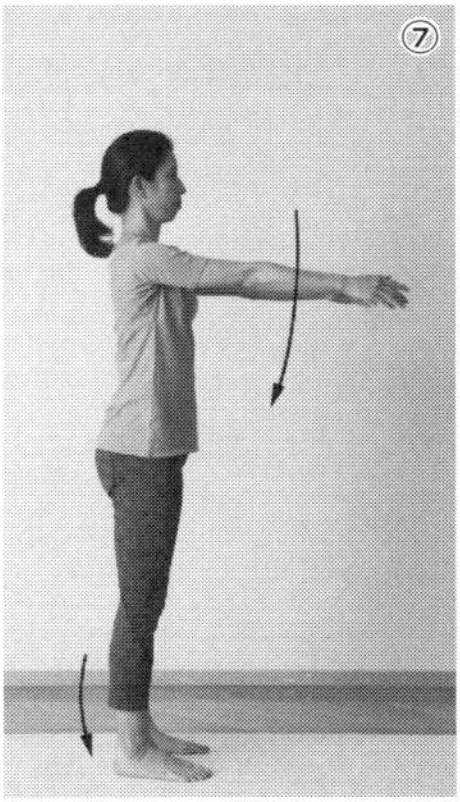


踵は床に着け、足先を上げて踵に重心を移します

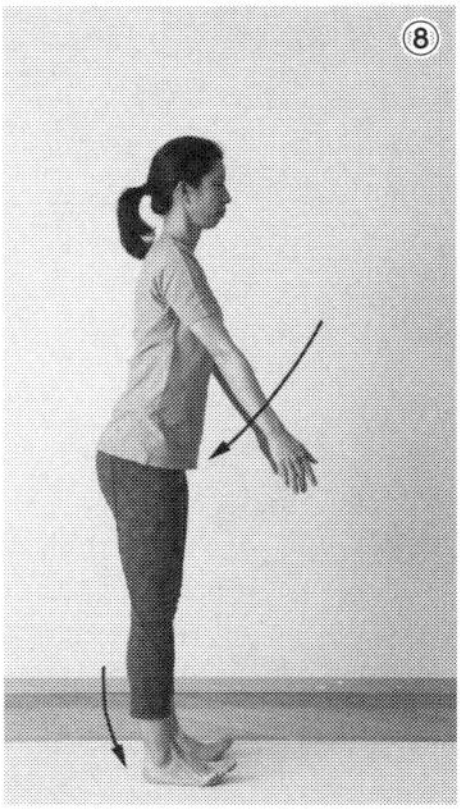


移し終わったら元の姿勢に戻ります

## 20 ランジ To タッチ

肩幅に足を開いて立ちます。右足をスッと後ろに下げます。左足のつま先は真っ直ぐ前、右足のつま先は右外側に45度ほど向けます。ゆっくり息を吐きながら前屈して両手の先が床に届くようにします（届かなくてもOK）。前屈しきったら、息を吸いながらゆっくり体を起こしていきます。これと同じ動きを足の向きを逆にして行います。5セット行ってください。

＊前に出している膝の角度は変えないでください。下半身は動かしません。後ろの足の踵は床に下げます。

前屈して両手の先が床に届くように

ゆっくり体を起していきます

このように後ろの踵は浮かさずに床に押し降ろします。前の足の膝はつま先より前には出さない

## 21 ハードルモーション

足を揃えて立ちます。左足に重心を移したら、ゆっくり右足を後方へ向けて上げます。膝で半円を描くようにゆっくりグルリと回します。1回転したら元の姿勢に戻ります。これを左右10回ずつ行います。

＊呼吸が止まりがちです。口をやんわり開けて、ゆっくり自然な呼吸を心がけましょう。膝を使って股関節で円を描く感覚です。

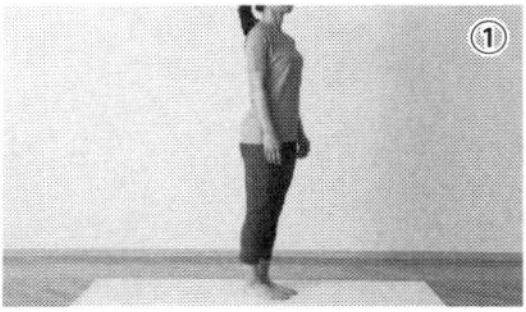

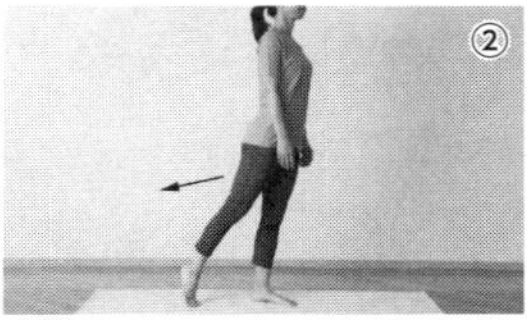

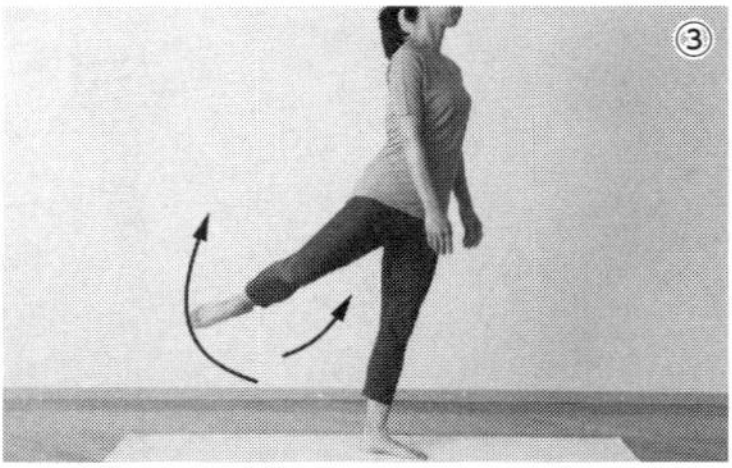

右足を後方に蹴り出すように

そのまま膝を曲げます

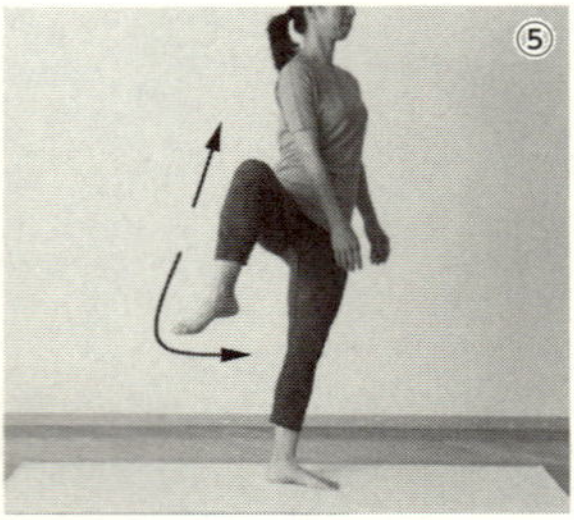


膝を曲げたら膝頭を上方に動かします

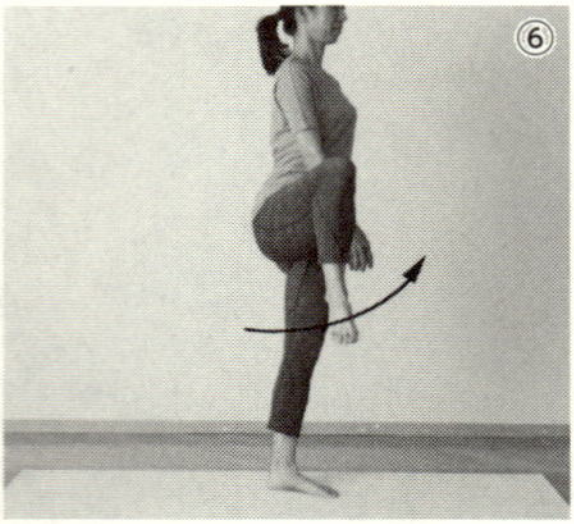


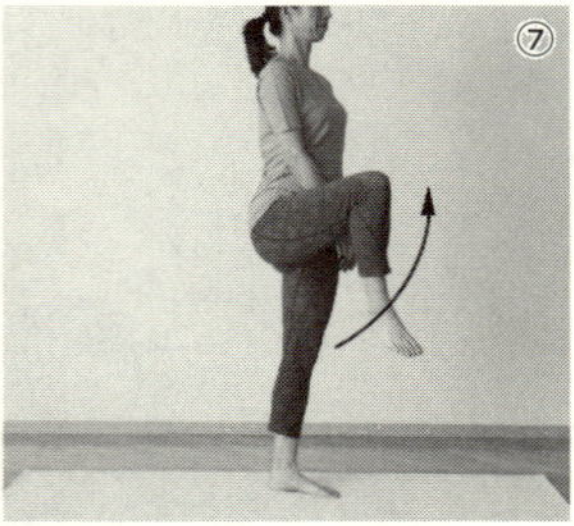


そのまま前方に動かします

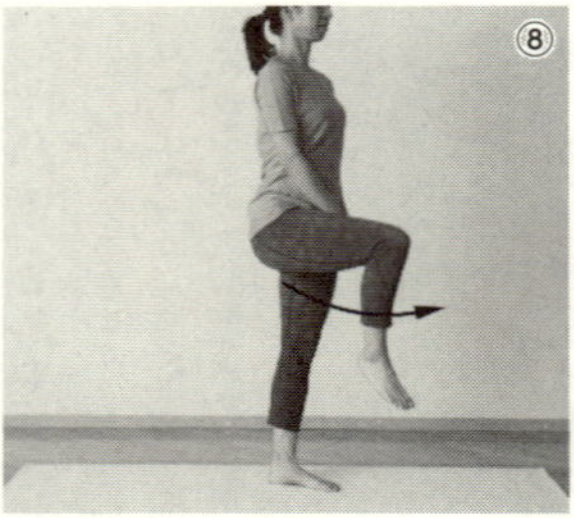


前に出し切ったら、ゆっくりと床に降ろします

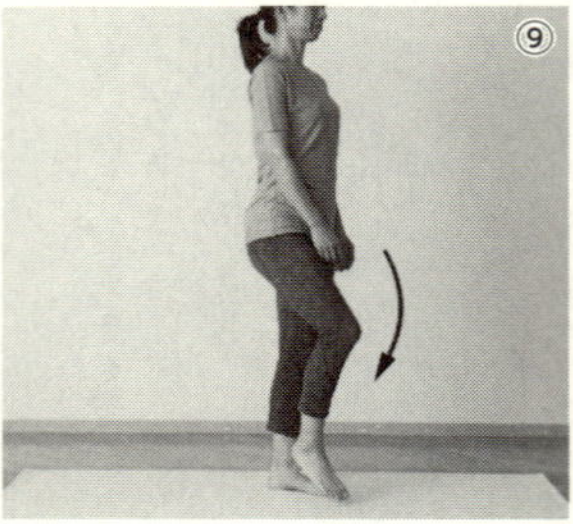


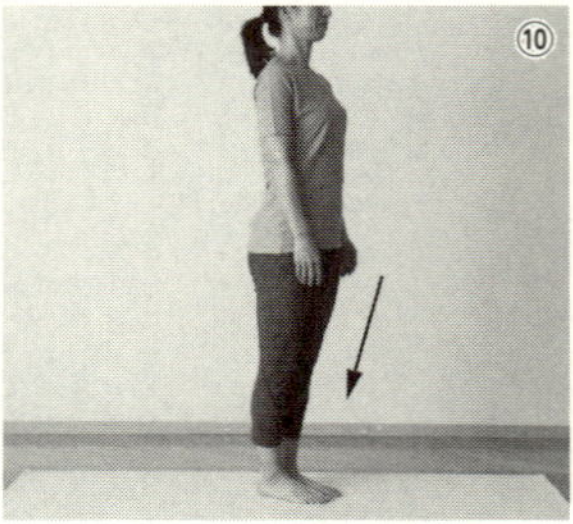

## 22 骨盤ウォーク（座位）

長座になって、両手をクロスさせて胸に置きます。床に着いているお尻を使って、前に出ます（右、左、右、左という要領で）。5歩前に出て、5歩後ろに下がります。これを3セット行います。

＊踵を使って動かないようにしてください。動くとき、足先が前後しているように見えます。背中と胸も足と連動して動きます。

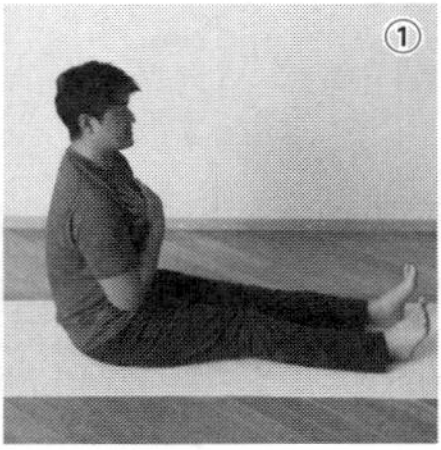


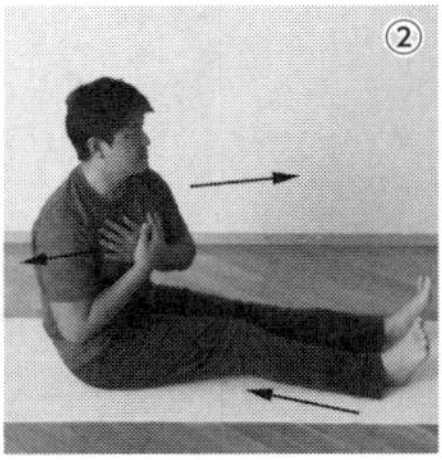


左側のお尻で前に出るときは、左肩を前に、右肩と右足は引く感覚です

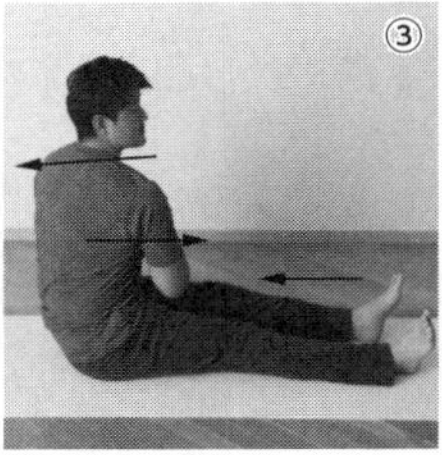


右側のお尻で前に出るときは、右肩を前に、左肩と左足は引く感覚です

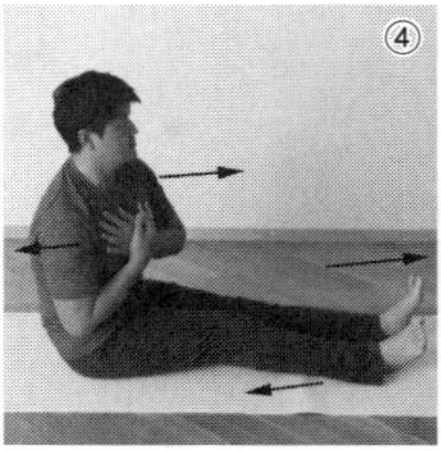


後ろに下がる場合も前進と同じ要領で

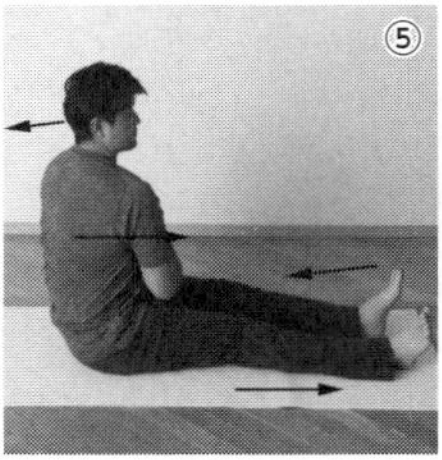

## 23 骨盤ウォーク（立位）

こぶしひとつ分両足親指の間を空けて、平行に足を置き真っすぐ立ちます。足先は着いたままで、左右の骨盤を交互に持ち上げ、前に押し出して、降ろします。これを左右10回ずつ行います。

＊呼吸がおろそかになりがちです。注意してください。

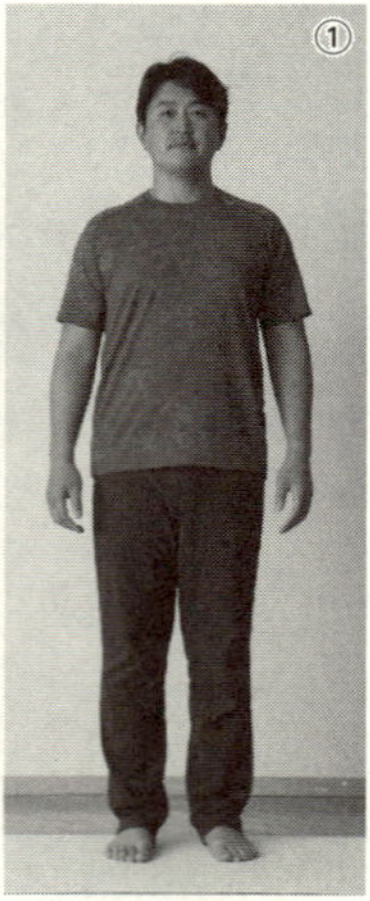


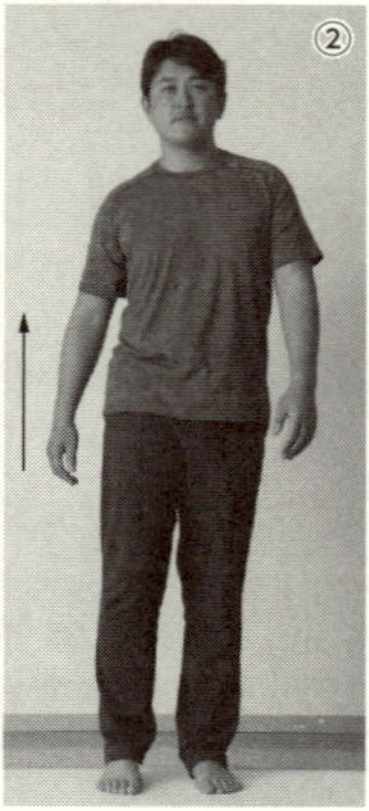


足先は着けたままで右の骨盤を持ち上げます

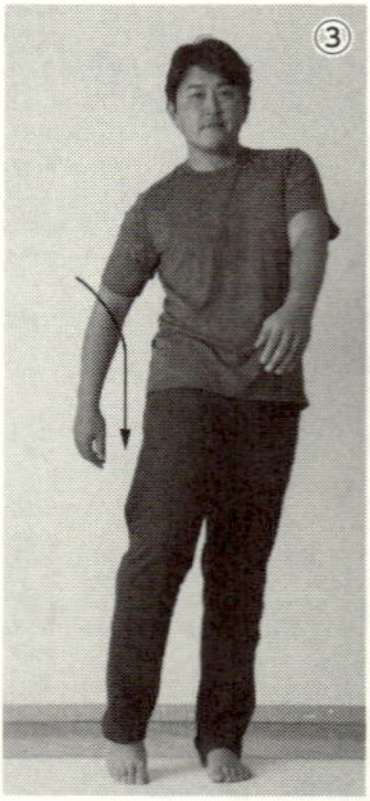


持ち上げたら前に押し出します

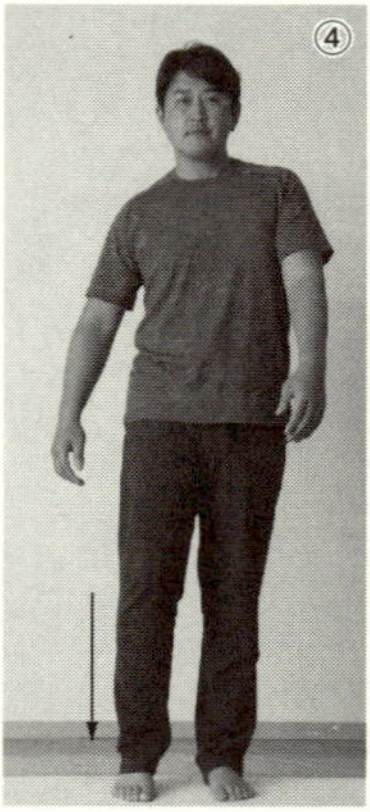


降ろします

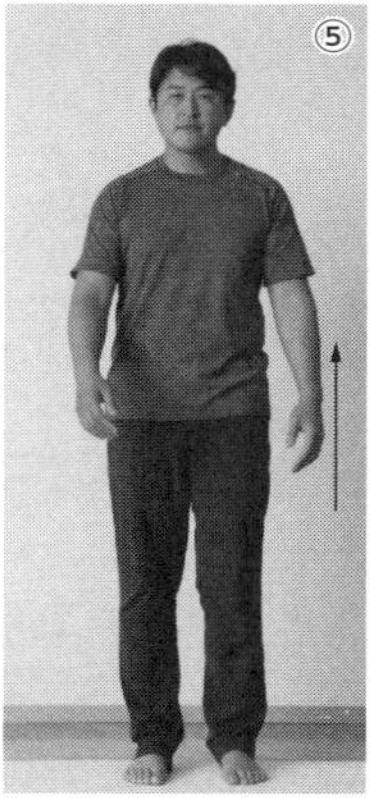


足先は着けたままで左の骨盤を持ち上げます

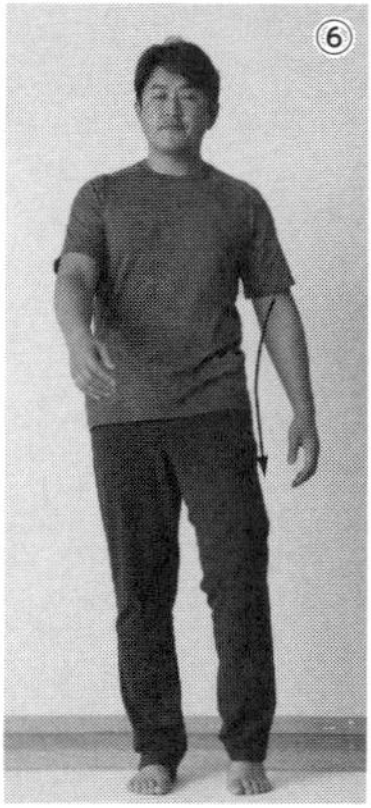


持ち上げたら前に押し出します

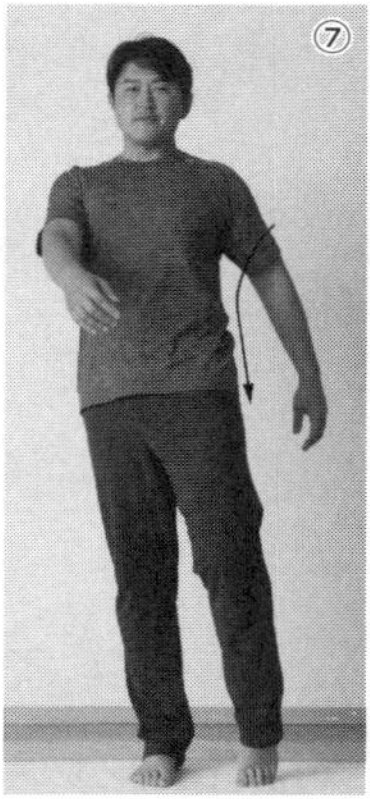


降ろします

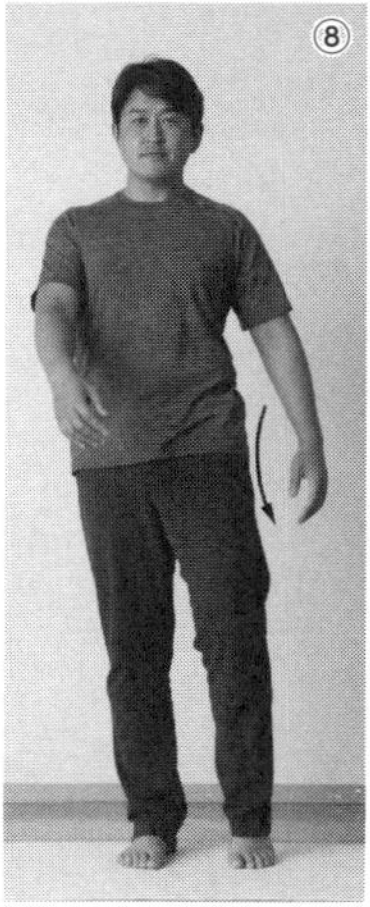


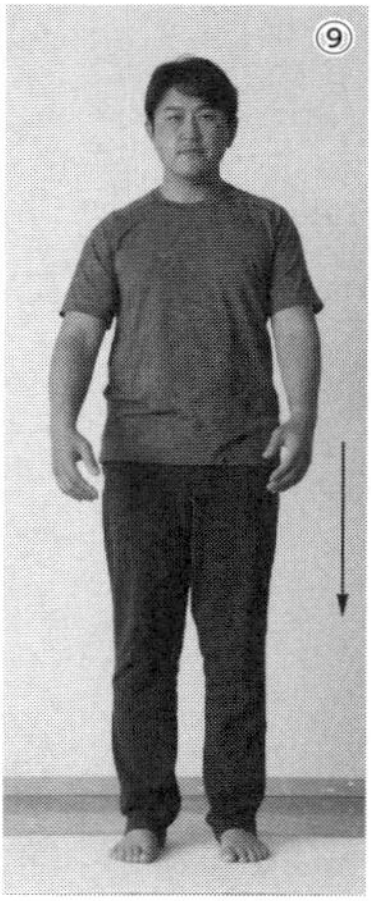

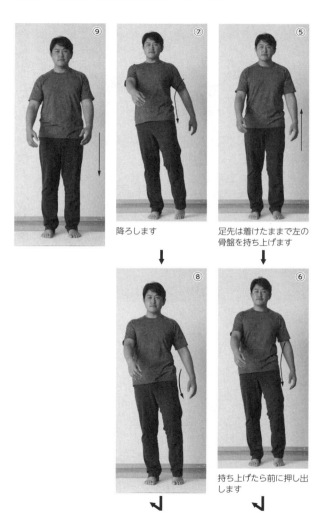

## 24　アームプッシュスパインリフト

仰向けになって両手を体の横に広げます。右手を上げ、右膝は立てます。右手を上に伸ばして、床に着いている右の肩甲骨を徐々に床から離していきます。肩～背中～腰～お尻と徐々に床から離れていく感じです。これを左右5回ずつ行います。

＊手を誰かから引き揚げられているような感覚で行います。

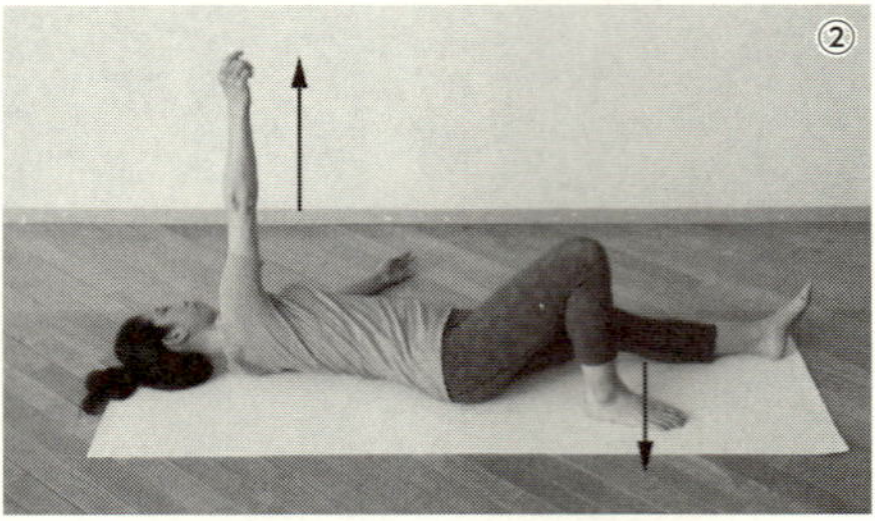

右足はしっかり床を踏んで、右手を上げます

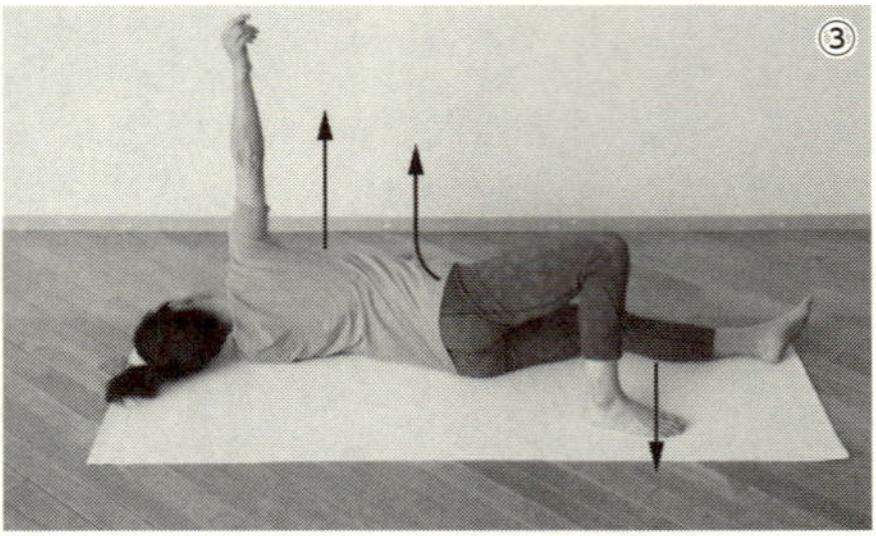

右脇と右骨盤も引き上げられる感覚で、完全に左側に体を向けます

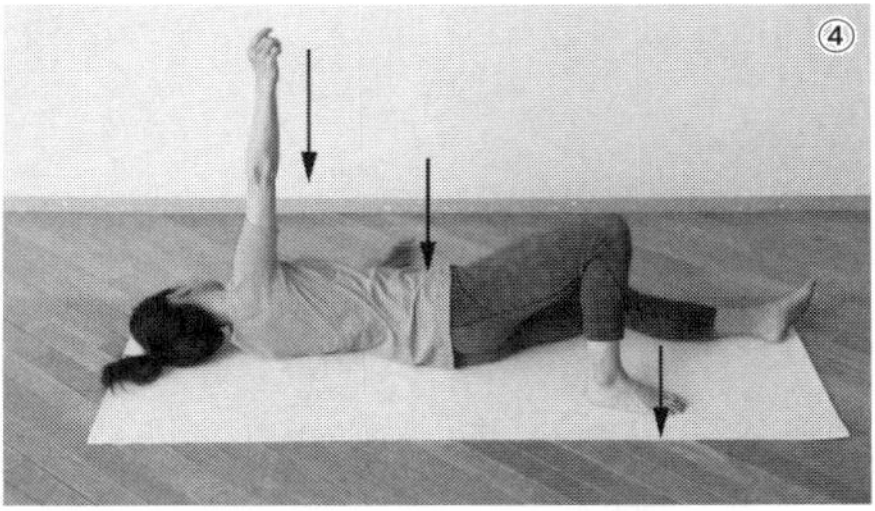

向いたら、右腕、右脇、右骨盤を引っ張る力が緩くなる感覚で、ゆっくりと降ろします

↓

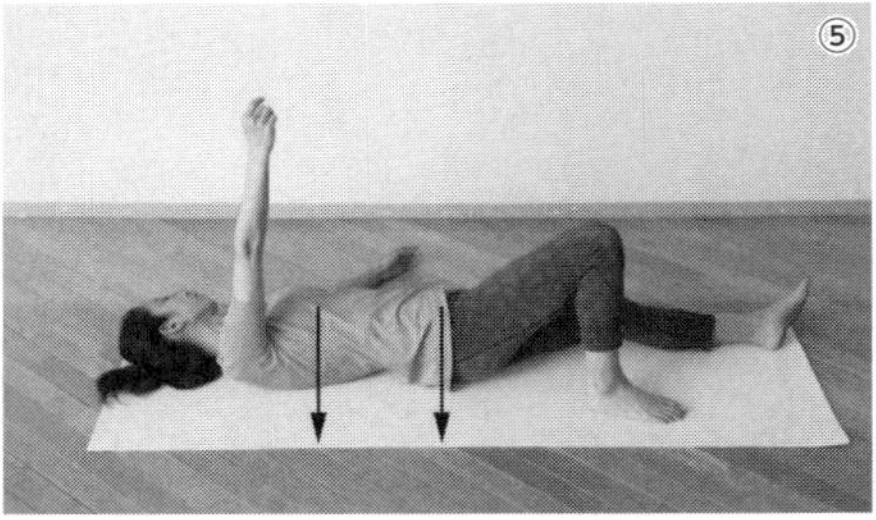

バタンと戻らないように

↓

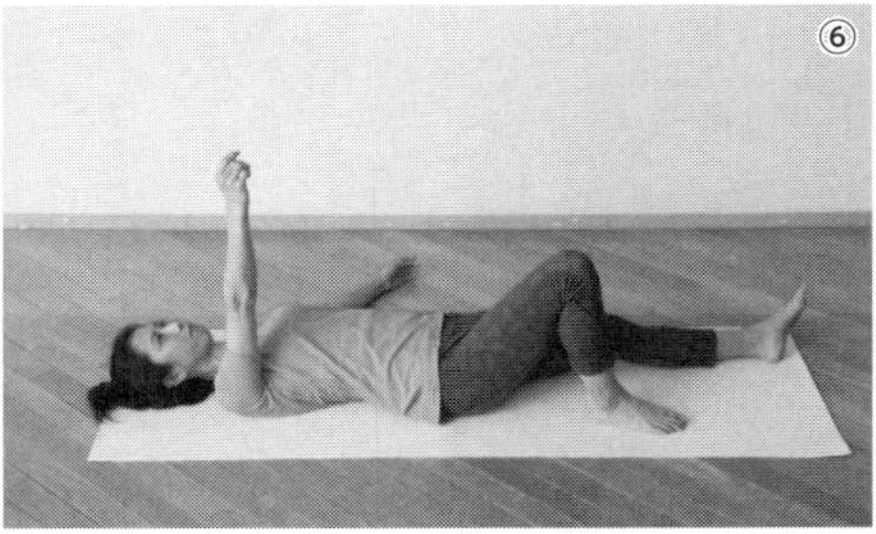

## 25　スキーストレッチ

足を揃えて正面を向いて立ちます。脇は少し開けます。腰をちょっとだけ落とすと同時に膝を少し曲げ（160度くらい）、両膝をリズミカルに左右に振るように動かします。膝を体幹の中心から外す要領で。手は軽くこぶしをつくります。両腕は膝を振るときに下げ、膝を伸ばすときに肘を曲げて正面に持ってくるようにします。これを10往復繰り返します。

＊膝は常に正面に向ける意識で。足底全体で床を押さえることを心がけてください。

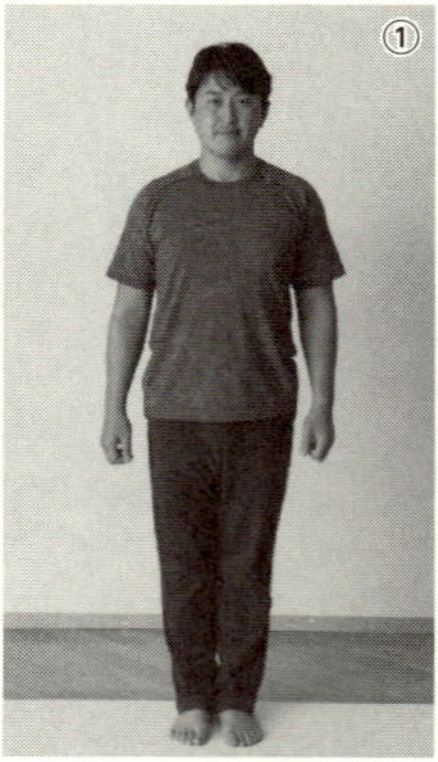


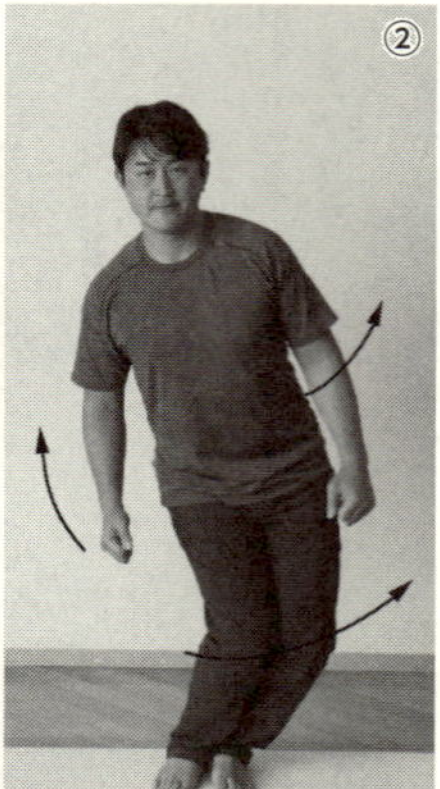


体幹の中心から膝を左に外します。左腰も左に。腕は下げます

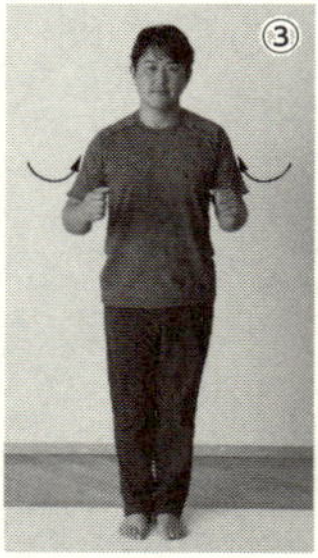


元に戻る際には腕を振り上げます。一連の動きのなかで、膝は常に正面を向いています

## 26 レッグレンスニング

仰向けになって両手を45度くらいに広げます。片足ずつ交互に徐々に伸びていく感覚で下方向に伸ばします。「これ以上伸びきれない」というところまでいったら、力をゆっくり緩めます。これを10回行ってください。

＊呼吸をゆっくりしながら行ってください。

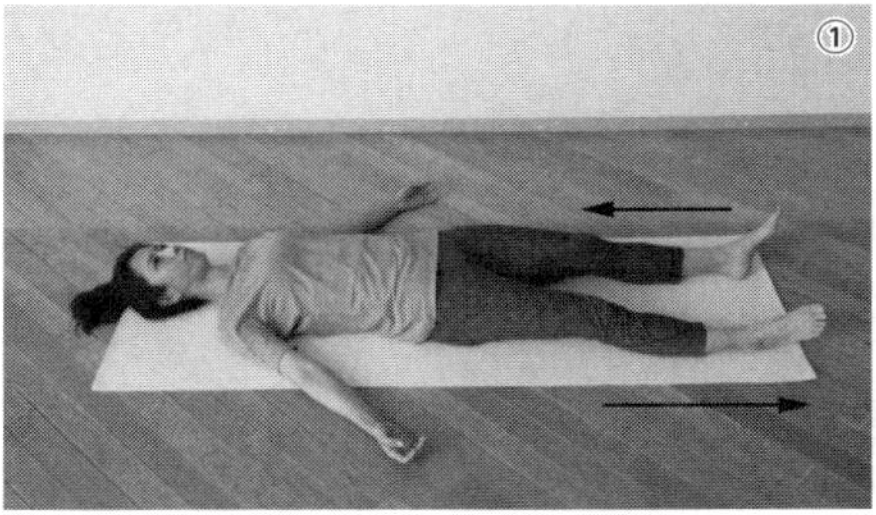

右足をグーッと伸ばし、左足は体の方向に引きます

↓

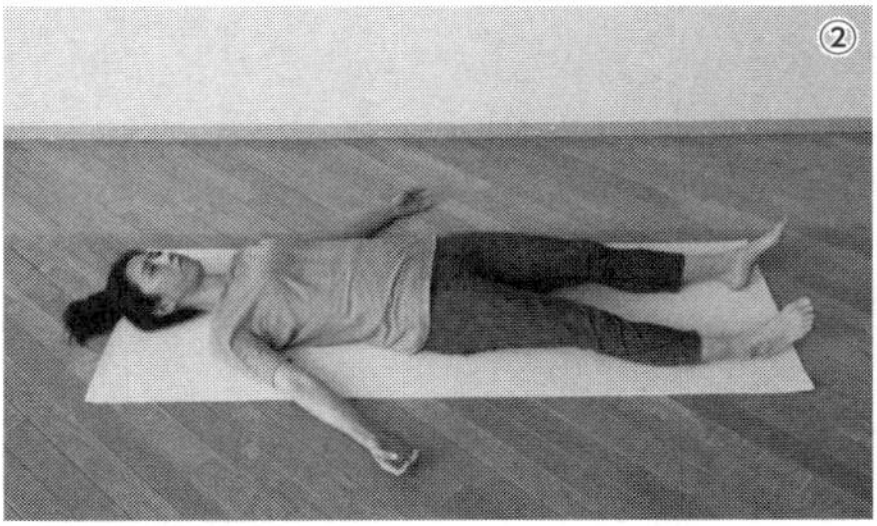

「これ以上伸びきれない・引ききれない」ところまでいったら緩めます

↓

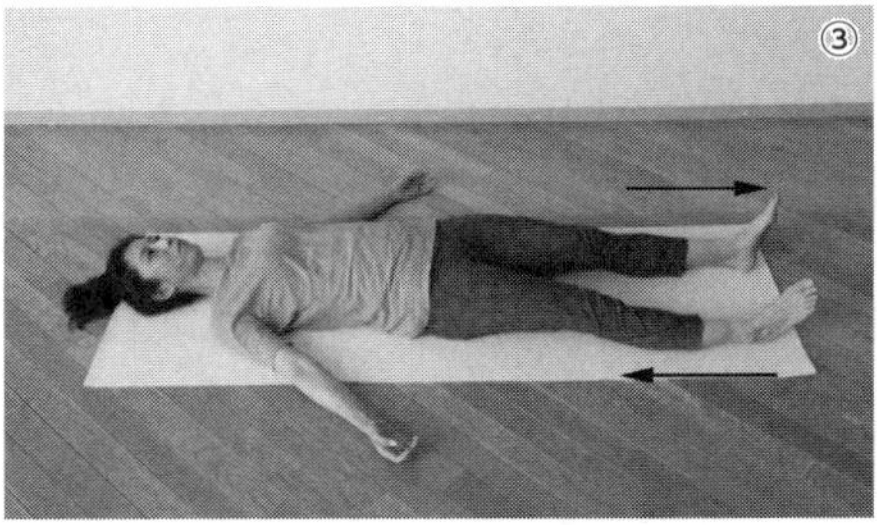

今度は左足をグーッと伸ばし、右足は体の方向に引きます

## 27 胸椎伸展（座位）

床に座って、膝を立てます。両手のひらはお尻後方の床に着きますが、指を前方に向けるようにします。両座骨がしっかり床に着いていることを確認してください。まず骨盤を後傾させておへそを覗き込むようにします。そのあと、胸を斜め上方にグッと持っていく感覚で広げます。肩甲骨は下げ降ろす感覚です。胸を広げ終わったら、最初の骨盤を後傾させた位置まで戻ります。

＊肩甲骨を寄せがちですが、寄せずに下げ降ろすようにしましょう。胸でお腹の皮を伸ばしましょう。

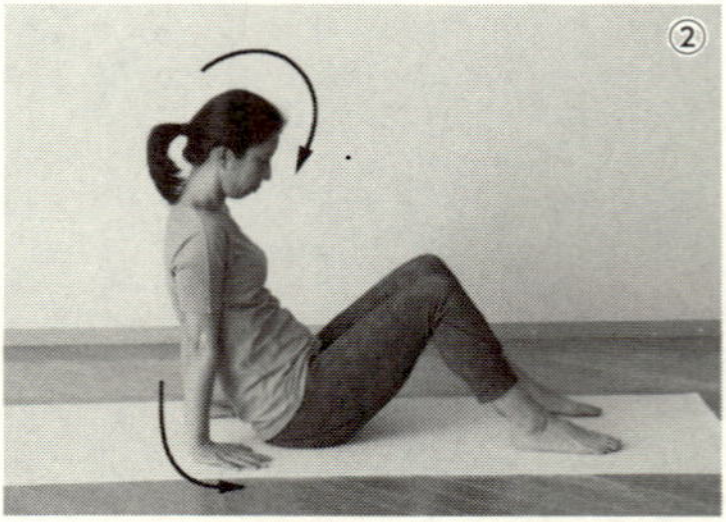


骨盤を後傾させておへそを覗き込みます

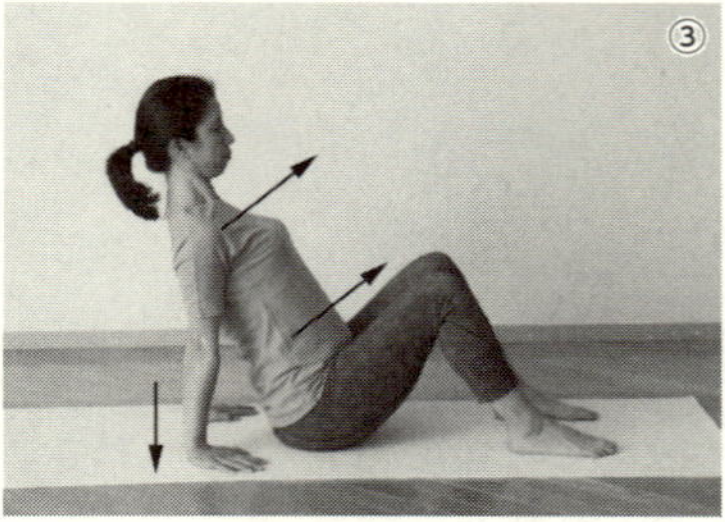


胸を斜め上方に広げます

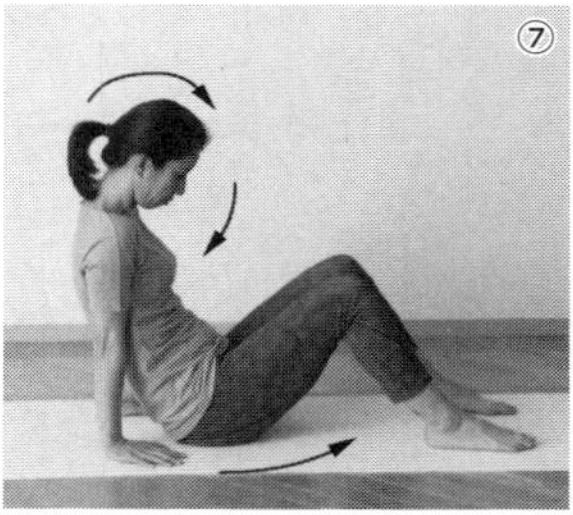

肩甲骨は下げ降ろします

胸を広げ終わったら、ゆっくりと緩めます

最初に骨盤を後傾させた位置まで戻ります

## 28 フロントストレッチ

立位で右足を1歩より少し広めに後方に引きます。左足はつま先を前に向けて足底全体で床を捉え、膝を110度くらい曲げます。右足はつま先を外側斜め45度にします。右手で左足内側の床に触れ（触れられない場合は触れなくてもOK）、息を吐きながら右手をグル～ッと回しながら真上まで上げます。その際、体前面の右半分が伸びていることに意識を向けてください。手が真上まで上がったら、さらに胸を広げるように体を反らせます。反らせられるところまでいったら、体を戻し、ゆっくりグル～ッと腕を回しながら前屈します。終わったら同様に左側も行います。これを5セット繰り返します。

＊体を反らせる際は腰ではなく胸を反らせるように。目も手も追いかけるように動かしましょう。

左足はつま先を正面に、右足はつま先を斜め45度に

右手で左足内側の床に触れにいきます

触れられなくても問題ありません

息を吐きながら右踵を上げ、右手をグル〜ッと回しながら真上に

右つま先はきちんと床を押します

胸を広げるように体を反らせます

ゆっくりと体を戻します

右手をグル〜ッと回しながら下げます

前屈して左足内側の床に触れます

## 29 ヘッドクロックワーク

四つん這いになって、おでこを床に着けます。お尻を上げ、頭頂（当初は髪の生え際でもかまいません）を着け、頭頂を起点にして頭を時計回りにグル～ッとゆっくり回します。ひと回りしたら逆回転で行います。頸椎と脊柱のつながり（一緒に動いていること）に意識を向けてください。これを3セットします。

＊「頸椎と脊柱のつながり」がわからない場合は、頭はどう動いているか、背中はどう動いているかに意識を向けてください。ある程度慣れたら、起点を生え際から頭頂部へと上げていきましょう。

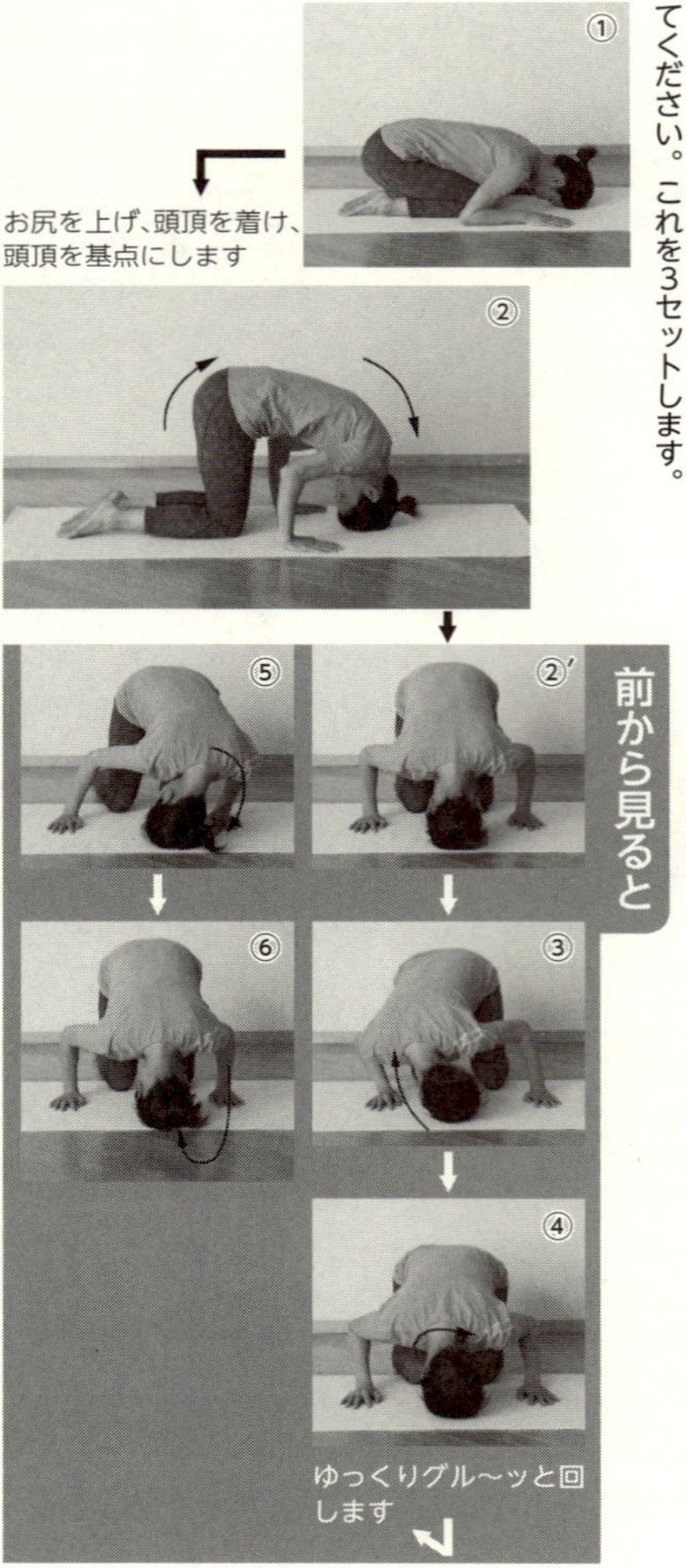

お尻を上げ、頭頂を着け、頭頂を基点にします

ゆっくりグル～ッと回します

## 30 スコーピオン

うつ伏せになって足は真っすぐ揃えて、両手は左右に広げます。息を吸いながら左足を右足をまたぐように右足の外側に移動します。この際足を動かした方向に、同時に顔を向けるようにします。足を移動し終えたら息を吐きながら元に戻します。反対側も行います。これを左右5回ずつ行います。

＊膝は伸ばして骨盤までつなげるように。

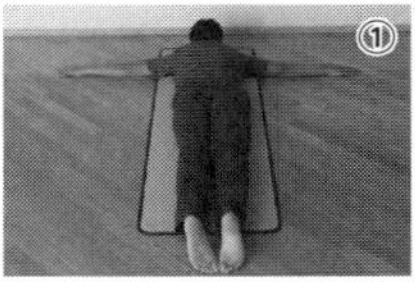

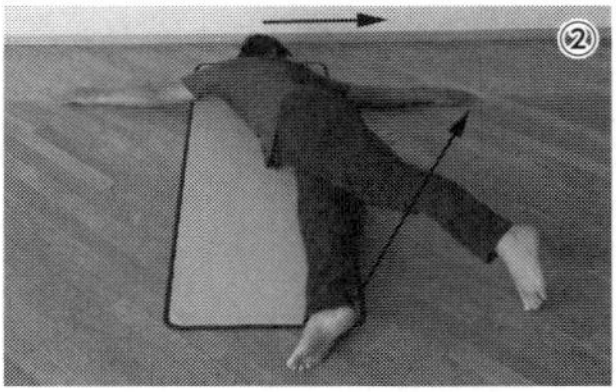

足はつま先から骨盤まで１本の棒の意識で動かします

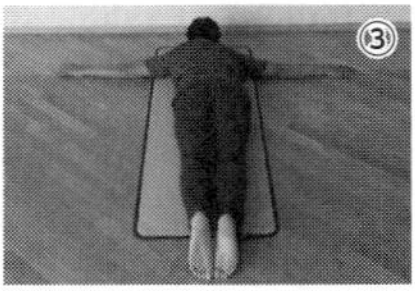

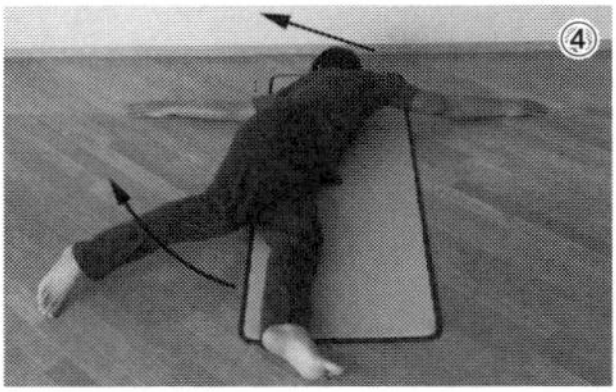

顔も動かした足と同じ方向に向けます

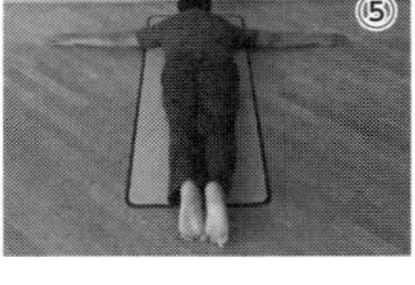

# 31 ブロックシフト

膝を開けた正座から前屈し、両手を遠くへ伸ばしお尻を後方に引きます。可能であればおでこを床に着けます。四つん這いになり、少しずつ膝を伸ばして下腹部を床に近づけていき、徐々に胸を開いていきます。背中と体の前面がグーッと伸びていることを感じながら行います。これを5往復やってください。

＊体の前面すべてを使って伸びていくことに意識を置いてください。腕で体をしっかり支えてください。椅子で過ごす時間の長い人にはとくにお勧めです。

①

両手は遠くへ伸ばし、お尻を後方に引きます

②

四つん這いになります

③

少しずつ膝を伸ばします

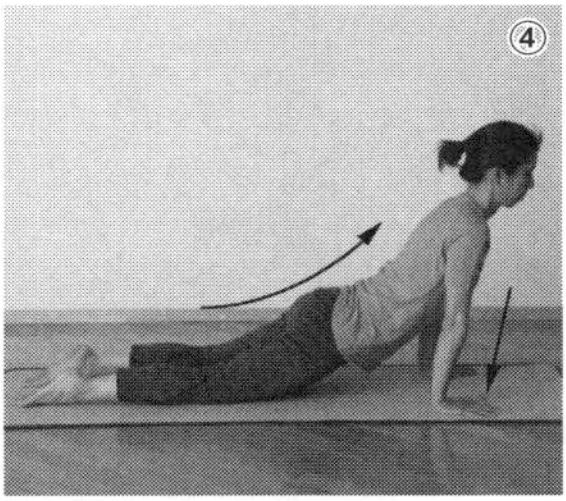

下腹部を床に着けます

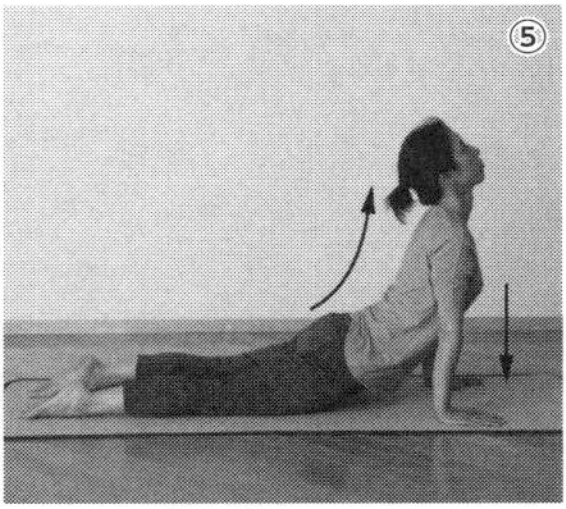

胸をグーッと開きます

背中と体の前面が伸びたら、少しずつ
元の位置に戻り始めます

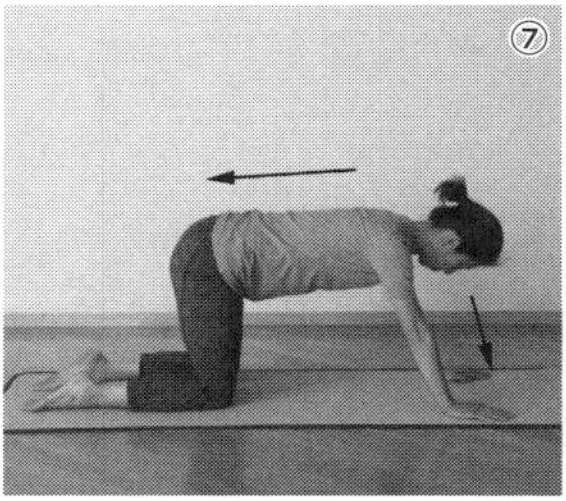

四つん這いに戻ります

最初の位置に

## 32　サイドシフトツイスト

正座になり、両手は体側に。そのまま左にお尻をずらしながら右側に体をねじっていきます。脇の広がりを意識してくださささい。お尻は「半分落とす」感覚で。

＊首をリラックスさせると無駄な力が抜けます。手と頭の重さを感じてください。背中に余計な力が入らないと、動きがすごく滑らかになります。

↓

左にお尻をずらします

↓

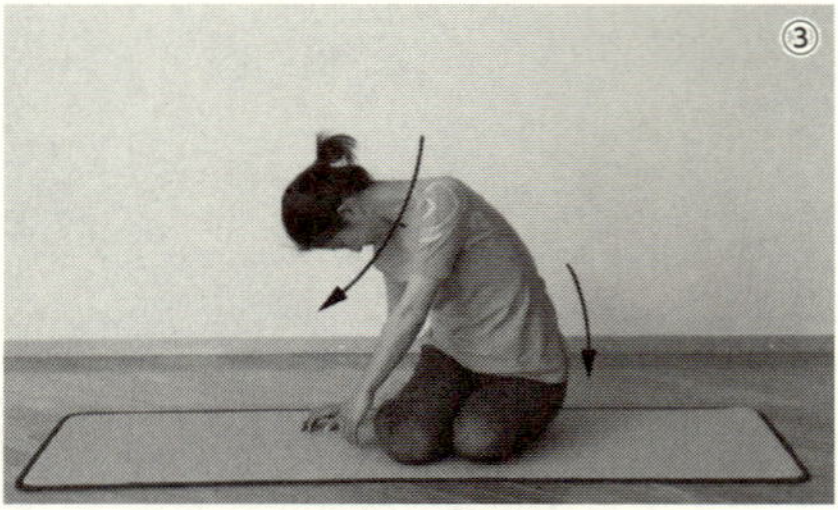


右側に体をねじって、脇の広がりを意識します。首はリラックスさせます

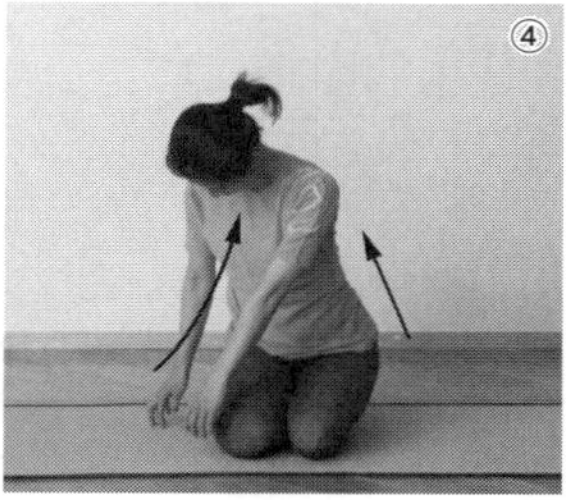


ゆっくりと元の位置に戻していきます

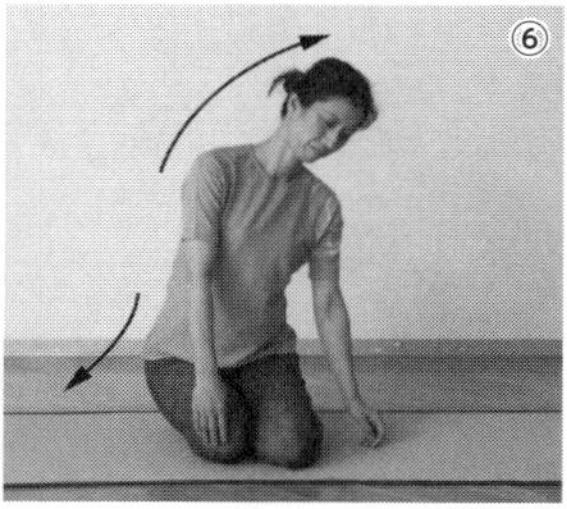


今度は右にお尻をずらして、左側に体をねじります

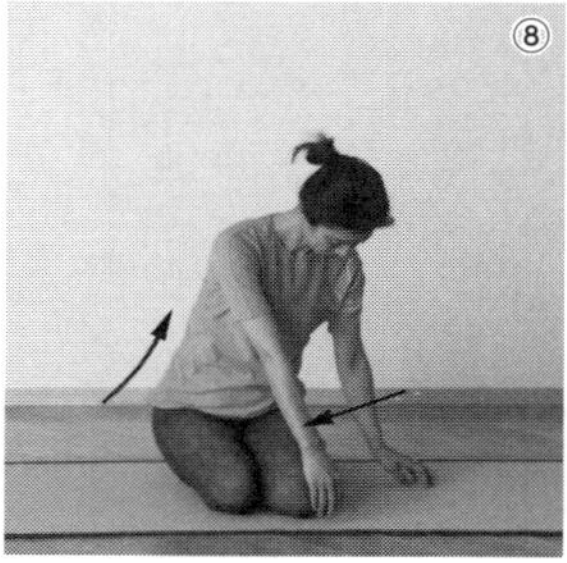


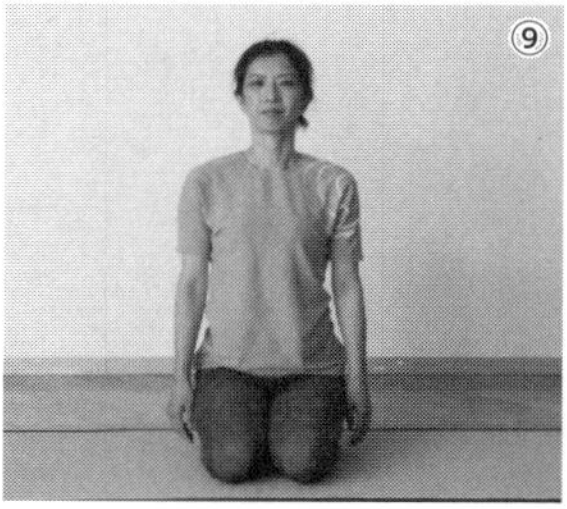

## 33　ランジ

両手を腰に当てて、左足を1歩半後ろに引きます。両つま先は正面を向くように。そのまま後ろの膝を真下に降ろすように体を落とします。後ろの足の膝が床に触れるくらい落としたら、ゆっくり元の状態に戻ります。これを左右5回ずつ、2セット行います。

＊前に出るのではありません。重心は足裏全体に。踏み出した足の踵、膝、お尻が一直線になることに意識を置いてください。

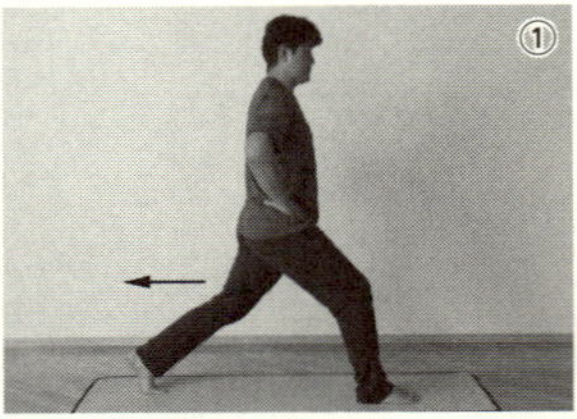

左足を1歩半後ろに引きます

頭は引き上げられている意識を保ったまま、左足の膝をゆっくり真下に降ろしていきます

左足は床に触れるくらいのところまで落とします

ゆっくりと体を上げ、元の状態に戻ります。右足はしっかり床を踏んだままです

## 34 ツーステップフロントプランク

うつ伏せから肘を支点に上半身を上げます（お腹から下は床に着いている状態）。両足をつま先立ちにします。両つま先と両肘で支えるようにして、体全体を床から浮かせます。体が真っすぐであることが大切です。その状態で10秒キープします。キープしたらゆっくり体を降ろし、両足の甲も床に着けます。これをインターバルなしで10回繰り返します。

＊背中と足の「伸び」を意識しましょう。首の後ろも伸ばして体幹で支えるようにしましょう。

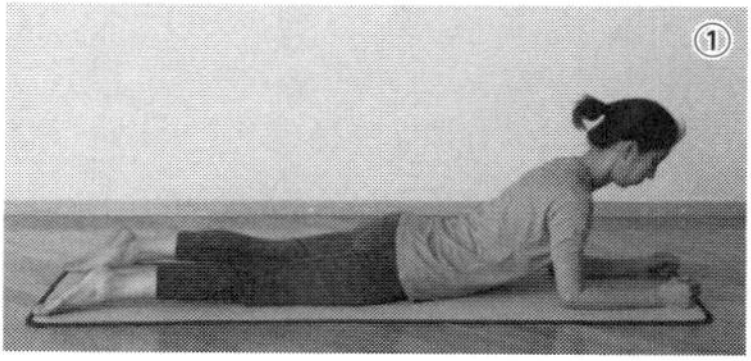

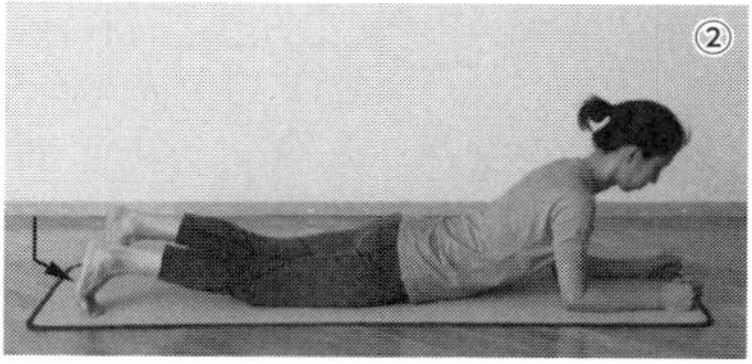

両足をつま先立ちにします

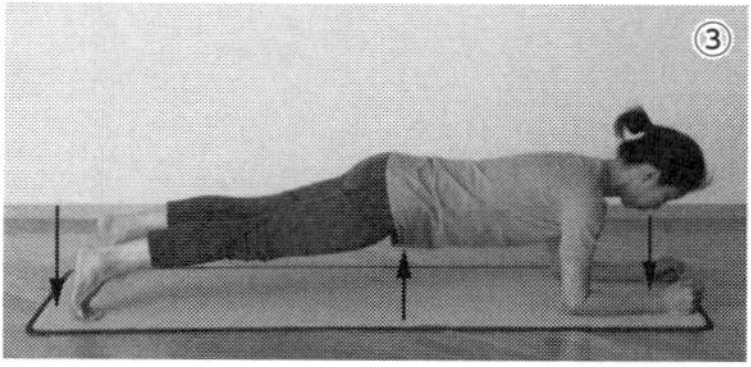

両肘と両つま先で支えるように体全体を床から浮かせます。このまま10秒キープ

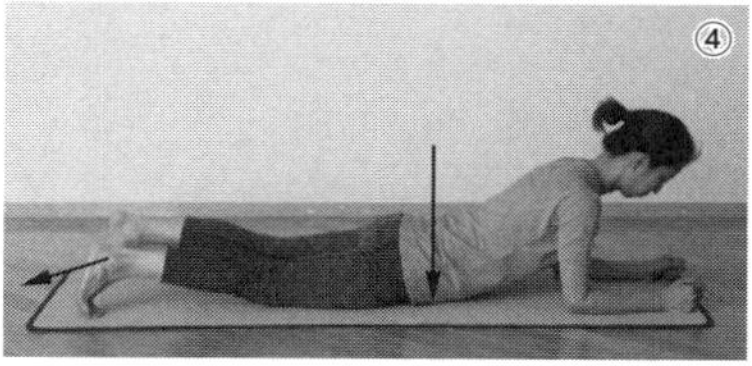

ゆっくり体を降ろし、両足の甲も床に着けます

# 35 ツーステップサイドプランク

右体側を下にして横になります。右肘と右膝の外、お尻の右側を支点にして上半身を上げます。左手を左腰に当て、左脇で体を上げて左脇の動きを確認します。右肘と右膝を支点にし、左手と左足を真上に上げながら体を浮かせます。体が床と平行になったら、その状態で10秒キープ。キープしたらゆっくり体を降ろし、スタートの状態に戻ります。これをインターバルなしで5回繰り返します。終ったら、左体側を下に同じ要領で5回繰り返します。

＊体が床と平行になることが大切です。膝や肘で支えるというよりも、お尻で持ち上げてキープする感じです。

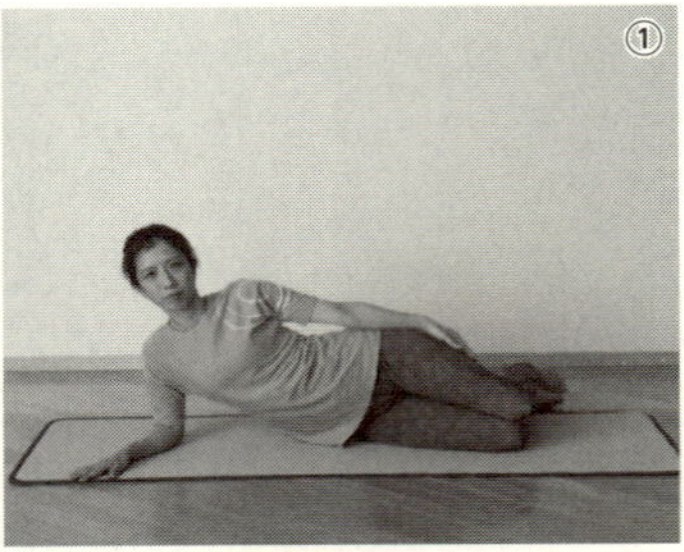


右体側を下にして横になります

左手を左腰に当て、左脇で体を上げて左脇の動きを確認します

右肘と右膝を支点にします

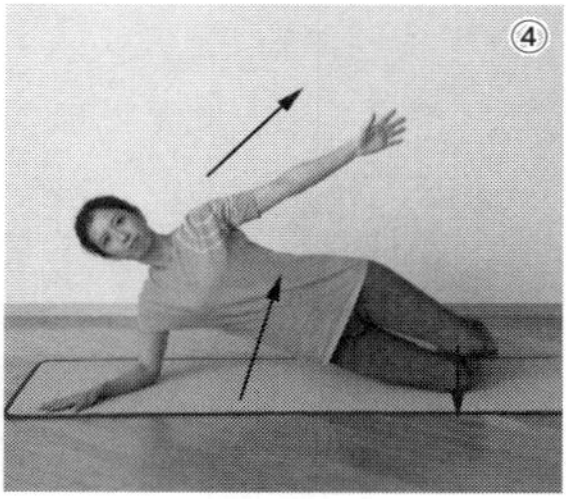


左手と左足を真上に上げます

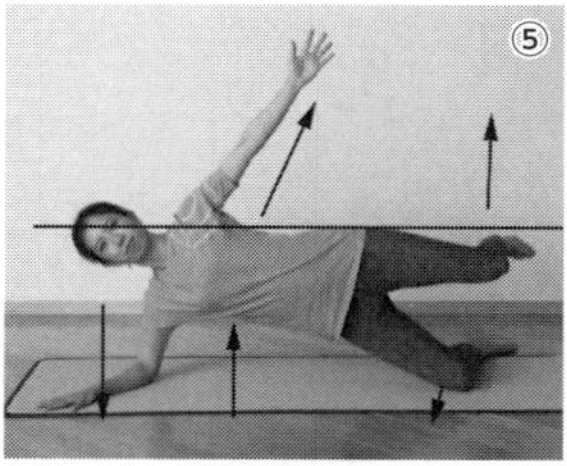


体を浮かせて、体が床と平行になったら10秒キープ

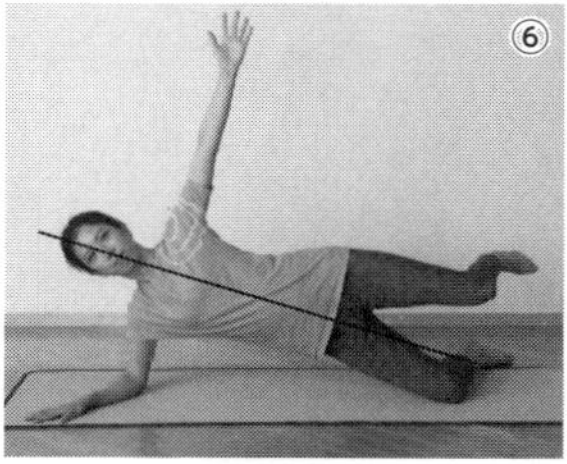


キープしたら体を降ろしますが、体全体が１本の棒になったように全体が同時に降ります

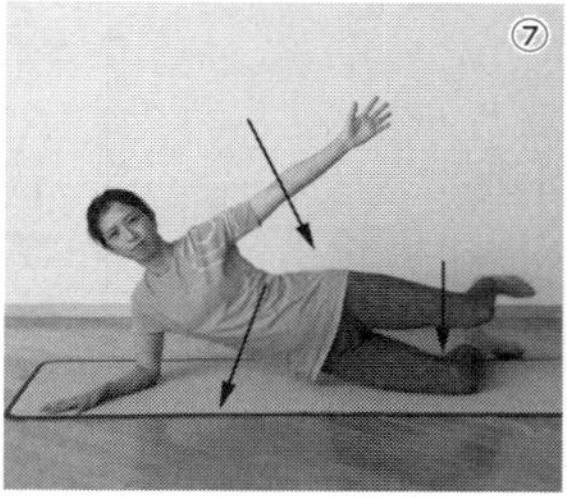


降ろすのはゆっくりと

元の状態に戻ります

## 36　ハーフスクワット

足を肩幅に広げ、腰に手を当てて立ちます。お尻を後ろに引くように腰を落としていきます。横から見たらつま先と膝の位置が1直線上になるようにします。膝が90度近くまで曲がったら、ゆっくりと腰を上げていきます。これを10回繰り返します。

*お尻と大腿筋（大腿全面の筋肉）を使うことを意識してください。

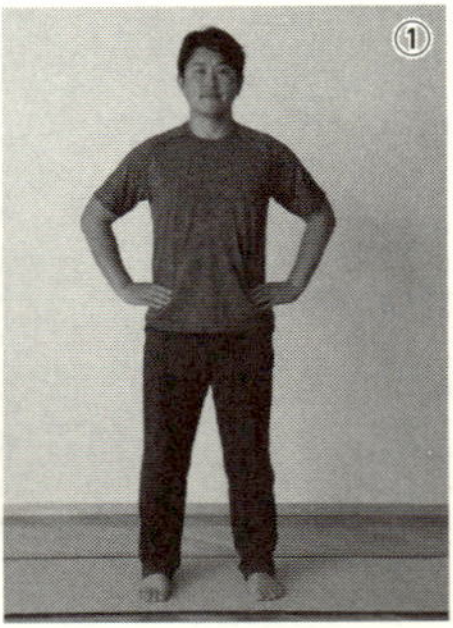


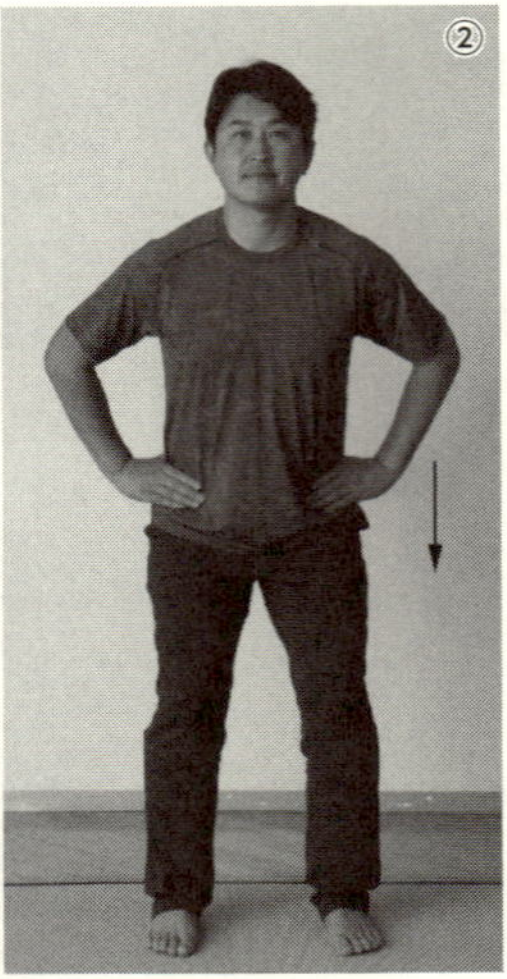


お尻は後ろに引くように腰を落とします。膝はつま先よりも前に出ないように

顎は上げすぎずに少し斜め上を見ましょう

## 37　スモウスクワット

いわゆる四股《しこ》です。足を肩幅よりやや広めに広げ、腰に手を当てて立ちます。そのまま真っすぐ腰を下げます。膝の角度は90度より少し広めです。そこから右足を上げていきます。つま先が真横にくるくらいまで上がったら、そのまま3秒キープします。キープしたらゆっくり足を下げ、床に着いたらグッと下まで両足で踏み込みます。踏み込みが確認できたら、同様のことを左足で行います。これを5セットやります。

＊上げた足の膝は伸ばす必要はありません。踏み込んだとき、お尻と大腿部、膝がキッチリ下がっているかを意識してください。

真っすぐ腰を下げ、膝の角度は90度くらいにします

右足を上げ、つま先が真横にくるくらいまで上げたら、10秒キープ

ゆっくり足を下げ、床に着いたら両足で踏み込みます

# 38 スティックローリング

うつ伏せになっておでこを床に着け、両手はバンザイの状態に。両腕と両足を浮かせ、その状態のまま体全体を左側にゆっくり傾けていきます。左体側全体が床に着いたら、そのまま引き続き左側に体を動かしていき、最後は仰向けになります。急にバタンと転がらないようにします。このときも両腕と両足は床から離れた状態です。仰向けになったら、ゆっくりと元来た過程をさかのぼるように戻っていきます。うつ伏せに戻ったら、今度は右側を同様の要領で行います。

＊呼吸は自然にしているほうがコントロールしやすい。回る際は1本の筒のように体全体で動きます。

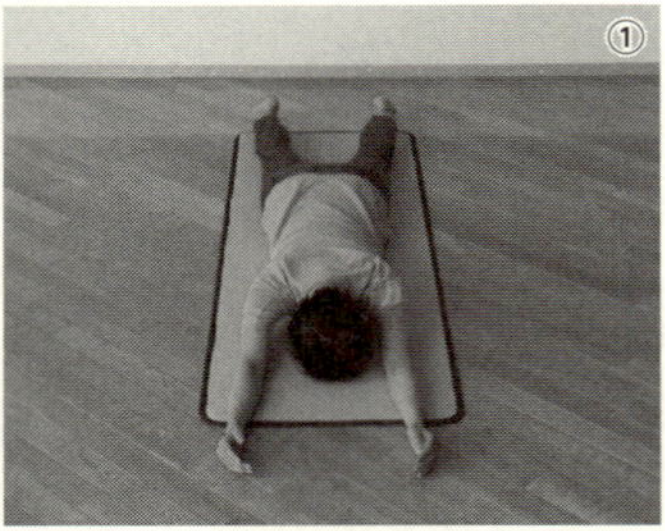


↓

両腕と両足を浮かせます

↓

体全体を左に傾けます

ゆっくりと動かします

バタンとはならないように

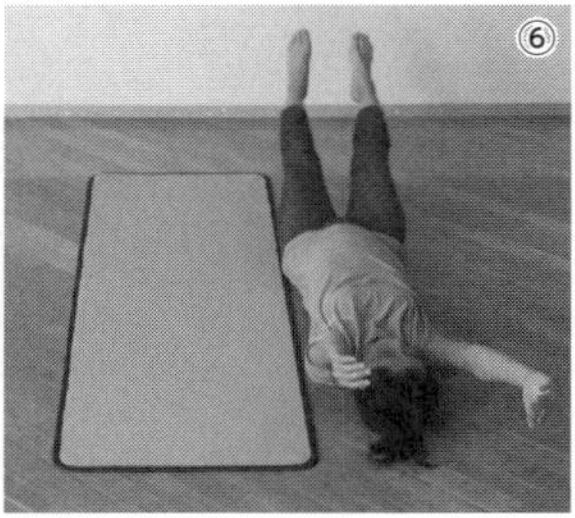

最後は仰向けに

元来た軌道を戻ります

体が１本の棒になったように全体的にゆっくり戻ります

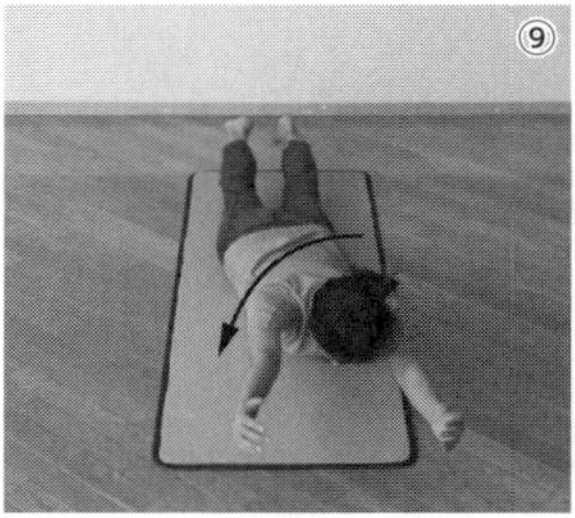

こちらもバタンとならないように

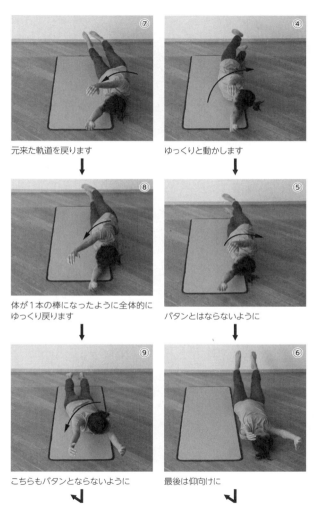

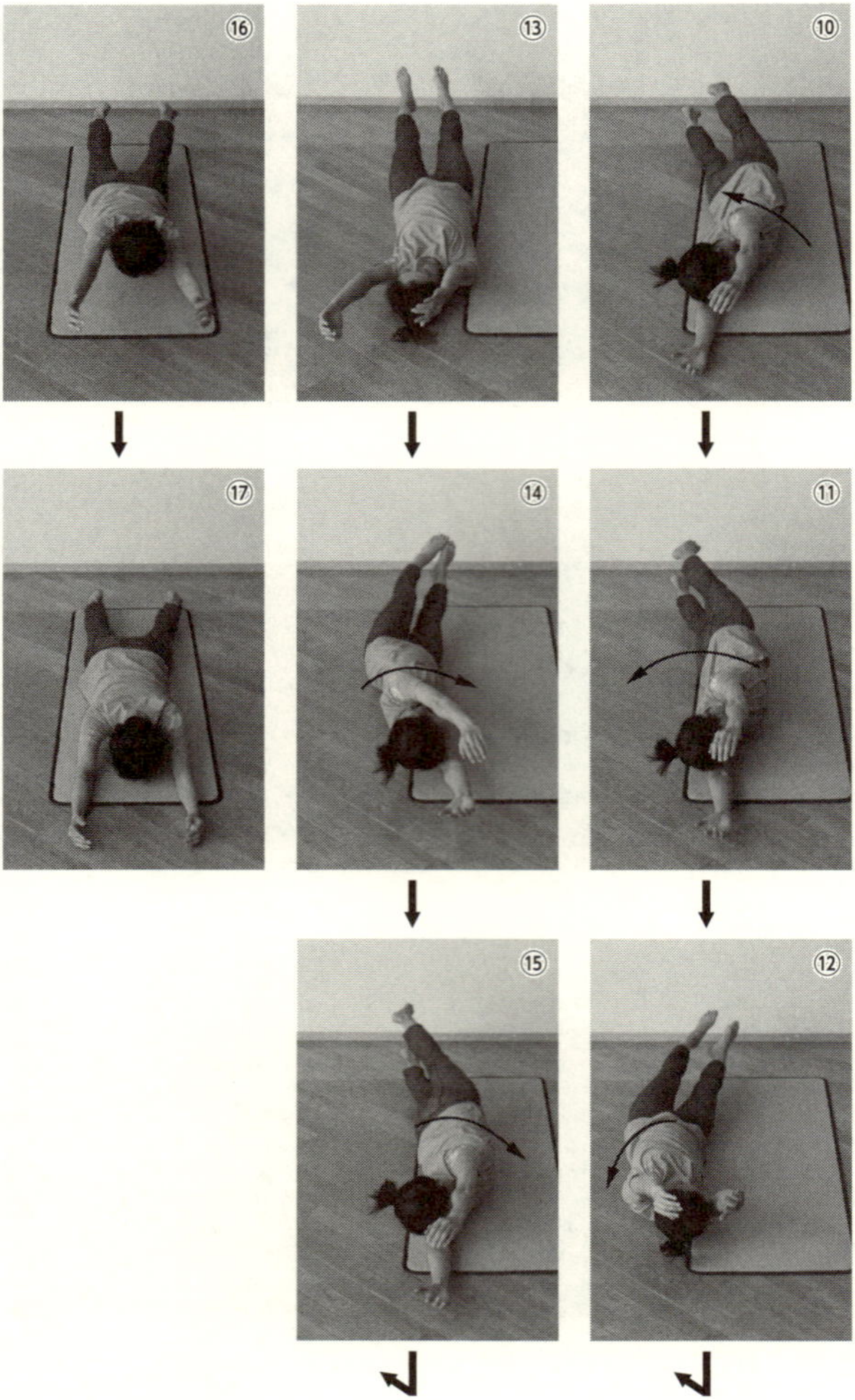
⑩
⑪
⑫
⑬
⑭
⑮
⑯
⑰

## 39 足抱えヘッドTo ニー

長座になり、右足の裏を両手で持ちます。息を吸いながら足を上げて、膝がおでこに近づくように伸ばします。その状態で10秒キープします。キープしたら、ゆっくり元に戻していきます。戻ったら今度は左足で同様のことを行います。これを5セットします。

＊両骨盤がキッチリ床に着いていることを確認してください。ハムストリングと背中の伸びを意識してください。足の裏を持って行うのが厳しい場合は、膝裏で腕を組んでもOKです（A）。

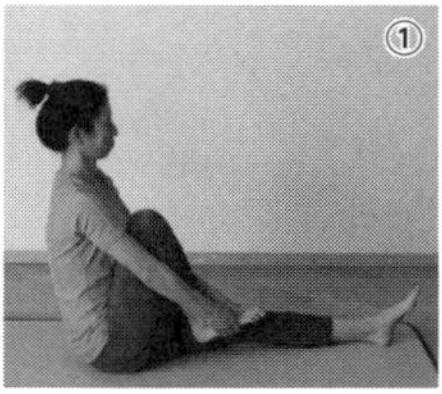

長座になり、右足の裏を両手で持ちます

息を吸いながら、足を上げます

膝がおでこに近づくように伸ばし、10秒キープ

ゆっくりと元に戻します

## 40 ローリングToサイド

仰向けになって両手を「前へならえ」の状態で上げます。両足も上げて、股関節と膝を直角に曲げます。息を吐きながら体全体を左に傾けながら回っていきます。このとき、バタンとならないように、背中から骨盤回りで支えながら動かします。横になったら、上側の手を遠くに、床を滑らせます。その後、手を戻してから、上向きに戻ります。

＊背中から骨盤回りまで筋膜の流れがあります。その全体がつながって流れているように感じられるとベストです。なるべく全身脱力に近い状態で行います。

両手両足を上げ、股関節と膝を直角に曲げます

↓

息を吐きながら体全体を左に傾けます

↓

ゆっくりと動かします

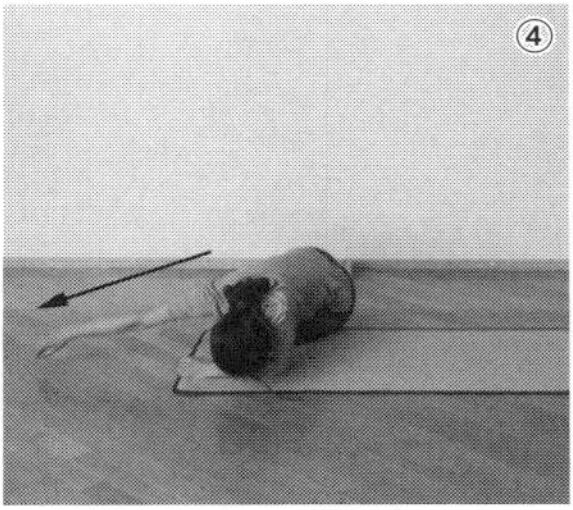


完全に床に着くところまでいきます

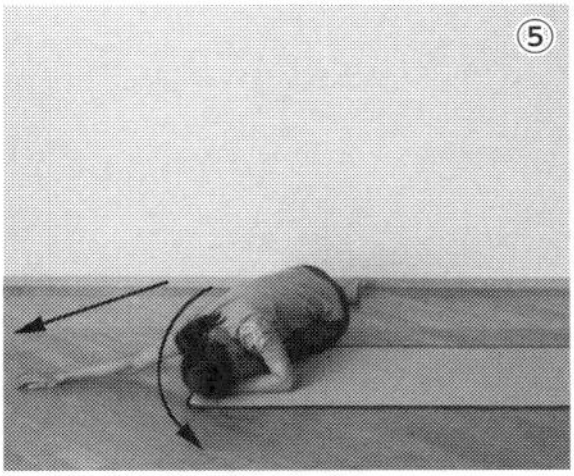


床に着いたら、上側の手を遠くに伸ばすように床を滑らせます

手を戻してから、元の軌道をたどります

ゆっくりと上向きに戻っていきます

完全に元の位置に戻ります

⑩

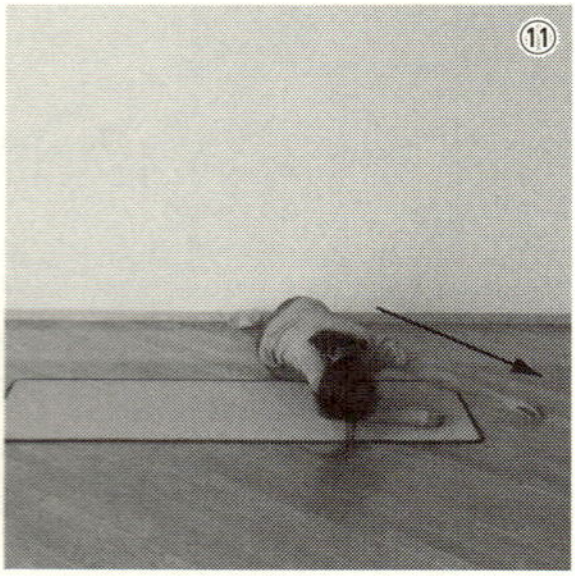
⑪

⑫

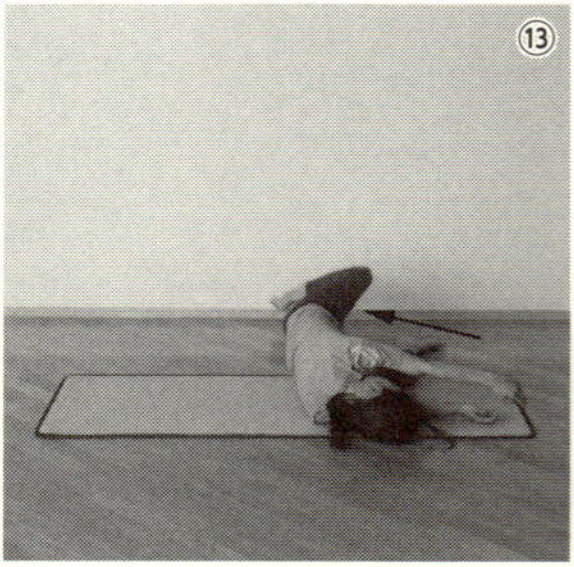
⑬

⑭

⑮

## 41　ヒップリフト

膝を立てて座り、両手はお尻の横より少し後ろに、前方に指先を向けて着けます。両足と両手を支点にしてお尻をゆっくり上げていきます。視線はお腹に。胸、お腹、太腿が直線上に並ぶように10秒キープします。キープしたらゆっくりとお尻を下げ、元の状態に戻ります。これを10回繰り返します。

＊ハムストリングにはほとんど力を入れず、お尻で体をキープする感じです。

両手と両足を支点にしてお尻をゆっくり上げます。視線はお腹に

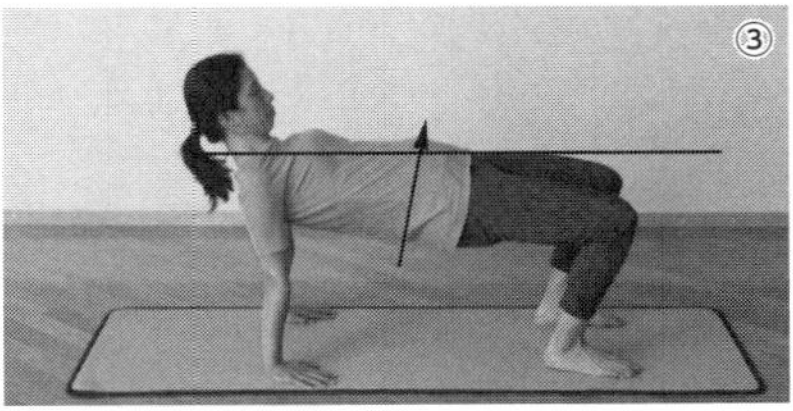


胸、お腹、太腿が直線上に並ぶように10秒キープ

ゆっくり元の状態に戻ります

## 42 蹴伸び

四つん這いになります。両手は肩の真下で指を広げた状態です。両膝は股関節の真下に。両足をつま先立ちにし、膝を浮かせてお尻を真上に突き上げていきます。お尻が上がり切ったら、両踵を床に降ろします。この状態で10秒キープ。キープが終わったら踵を上げ、膝を曲げてお尻を降ろしていきます。膝が床に着いたら、両足の甲も床に着けます。これを3回繰り返します。

＊お尻を高く突き上げ、脇腹と足の伸びを感じてください。

四つん這いになり、両手は肩の真下で指を広げた状態、両膝は股関節の真下に

両足はつま先立ちに

膝を浮かせて、お尻を上げていきます

お尻を真上に突き上げきります。両手は前のほうに押し出す感覚です

↓

踵を降ろして、両足と両手で床を押す状態で10秒キープ

↓

踵を上げ、膝を緩めます

四つん這いにまで戻ります

↓

戻ったら、足の甲を床に着けます

## 43　腹式呼吸

仰向けになって両膝を立て、両手でお腹を包み込むようにします。お腹の前後左右（正面、脇、背中）、つまり全体を、風船を膨らませるようにして息を吸います。必ず鼻から吸ってください。1、2、3、4、5で吸って、5秒間キープして（息を止める）、口から5秒間で吐きます。これを5回繰り返します。

＊お腹を前にバーッと膨らませるのではなく、全体を広げる感じです。お腹は吸って膨らませて、吐くときに縮めます。慣れてきたら吐く時間を長くします。理想は吸う時間の2倍です。

仰向けになって両手のひらで肋骨下部を包み込むようにします

↓

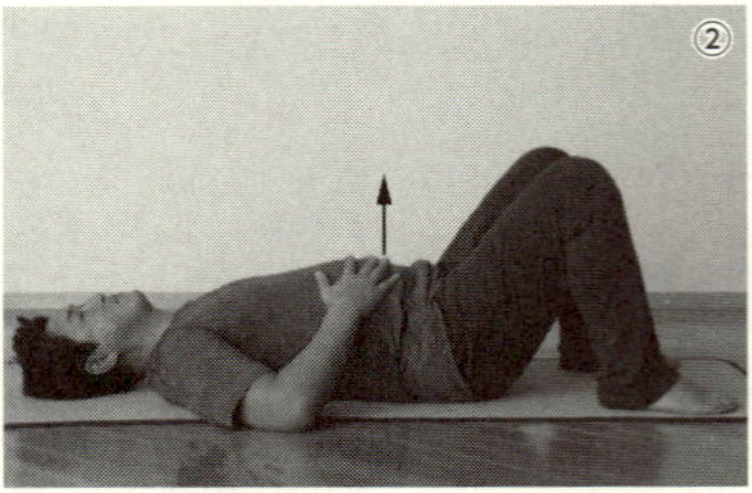

鼻から息をゆっくり吸い、お腹全体を大きく膨らませるように呼吸を入れます。5秒かけて、360度全方向に膨らむように

↓

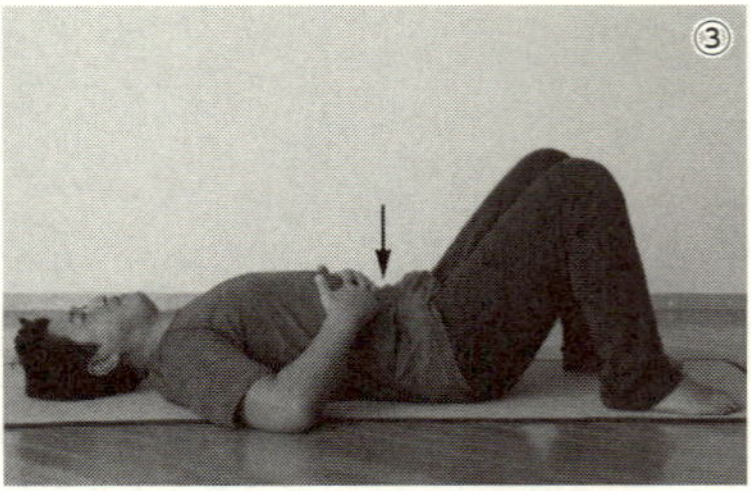

吸い終わったら、5秒息を止め、5秒かけて口から吐きます。お腹全体が収縮するように

## 44　3か月の呼吸（椅子使いレッグリフト）

椅子を用意してください。仰向けになり、両足を椅子の座面に乗せます。膝の角度は90度くらいで。両手は広げておきます。お腹の前後左右（正面、脇、背中）、つまり全体を、風船を膨らませるようにして息を吸います。必ず鼻から吸ってください。1、2、3、4、5で吸って、5秒間キープして（息を止める）、口から5秒間で吐きます。これを5回繰り返します。それに加えて、右足を上げ、1、2、3、4、5で鼻から吸って、下げるときに口から5秒間で吐きます。右足が終わったら同様に左足で。これを5セット行ってください。

※43よりあえて呼吸をし〝にくい〟環境にしています。そのため下半身に力が入りやすいのですが、下半身には力を入れないでください。リラックスすることが大切です。「3か月」と命名したのは生後3か月の赤ちゃんがしている呼吸だからです。

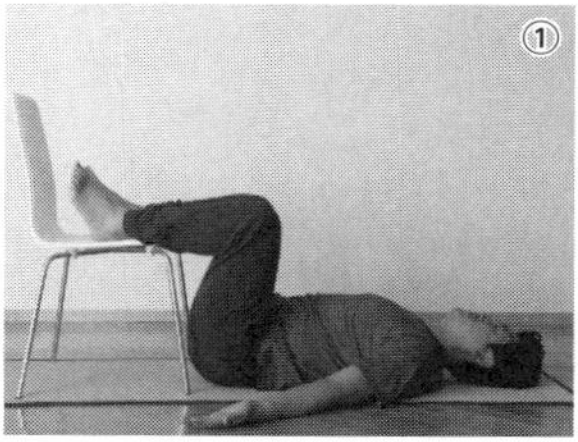


両足を椅子の座面に乗せます

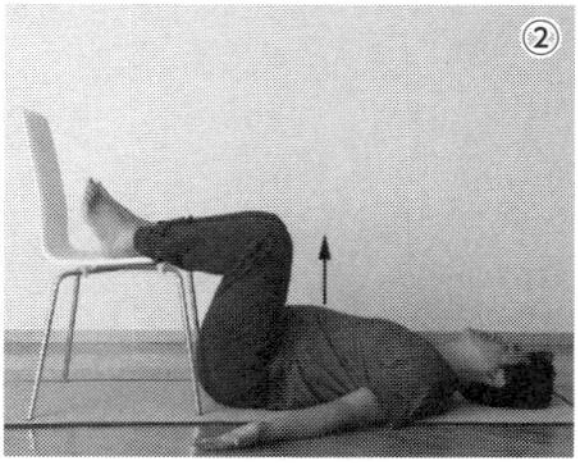


鼻から息をゆっくり吸い、お腹全体を大きく膨らませるように呼吸を入れます。5秒かけて、360度全方向に膨らむように

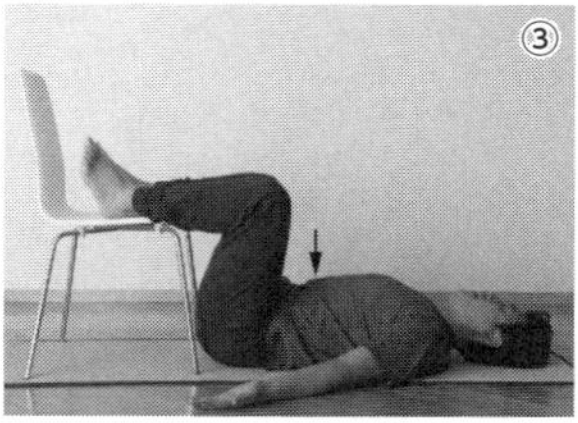


吸い終わったら、5秒息を止め、5秒かけて口から吐きます。お腹全体が収縮するように

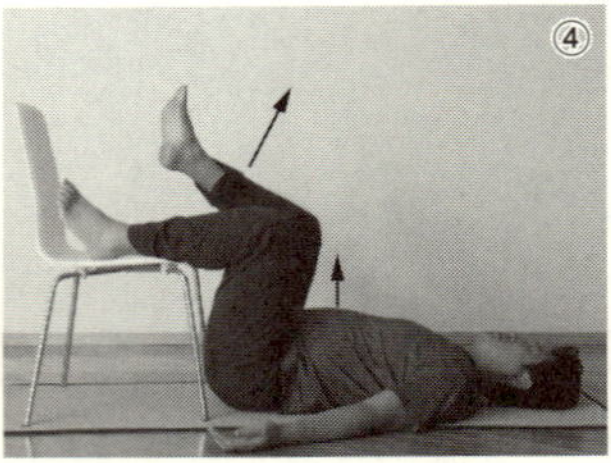


右足を上げ、５秒で鼻から吸います

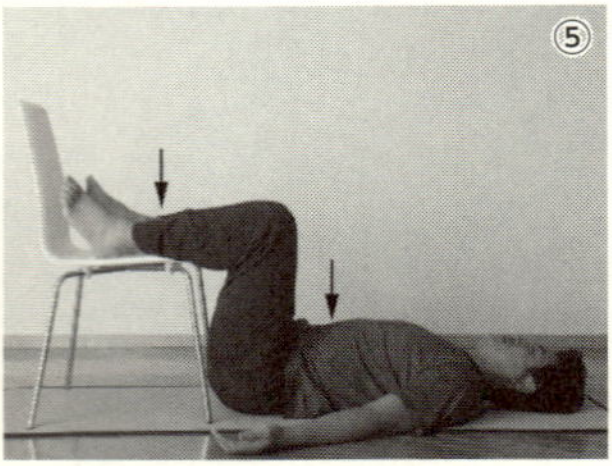


右足を下げるときに、５秒で口から吐きます

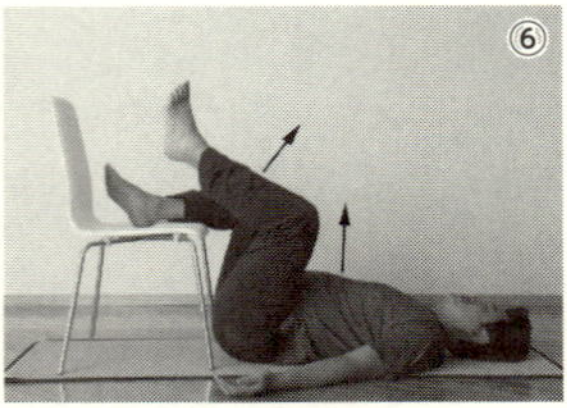


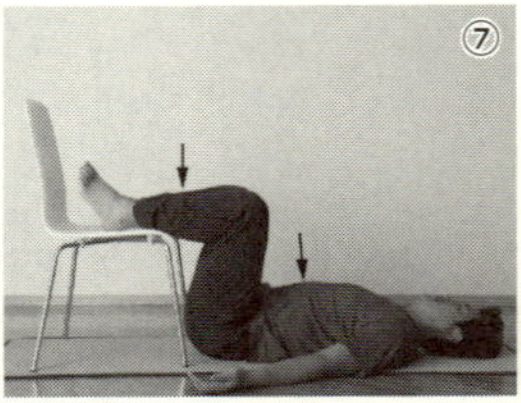


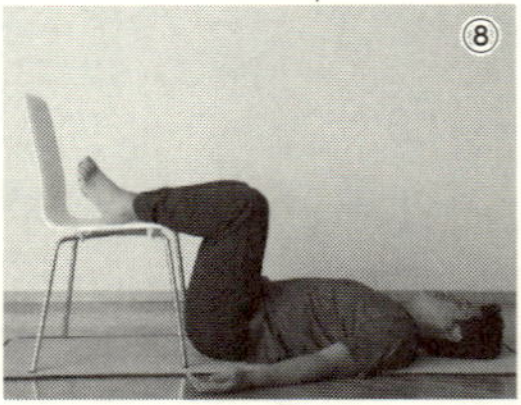


終ったら、同様に左足も行います

## 45　6か月の呼吸

仰向けになり、膝を曲げた状態で足を持ち上げます。30度ほど膝を開きます。少し尾てい骨を床から持ち上げて、足首をつかみます。足の付け根に向かって息を吸う感覚で下腹部に空気を入れます。1、2、3、4、5で吸って、5秒間キープして（息を止める）、口から5秒間で吐きます。これを5回繰り返します。

＊後頭部はしっかり床に着けます。顎が上がらないように。この呼吸も鼻から吸って口から吐きます。

仰向けになり、膝を曲げた状態で足を持ち上げ、尾てい骨を床から持ち上げて足首を掴みます

↓

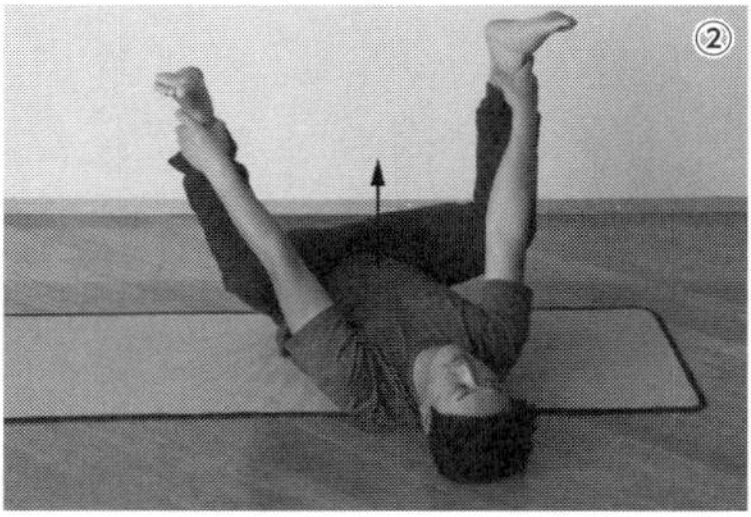

足の付け根に向かって息を吸う感覚で下腹部に5秒かけて空気を入れます

↓

5秒息を止め、5秒かけて口から吐きます。お腹全体が収縮するように

# 46 四つん這いの呼吸（オールフォーベリーリフト）

四つん這いになります。手のひらは肩の真下、膝は股関節の真下にくるようにします。その状態から手のひらをひとつぶん後ろに動かします（前のめりになります）。鼻の頭が左右中指を結んだ線上より少し前にくるようにキープしたまま、鼻から息を吸いながら背中を丸められるだけ丸めます。1、2、3、4、5で吸って、5秒間キープして（息を止める）、口から5秒間で吐きます。吐くときは腕を伸ばします。これを5回繰り返します。

＊ポイントは手のひらをひとつぶん後ろに動かすことです。そうすることで胸郭上部が上がりやすくなります。

四つん這いで手のひらは肩の真下、膝は股関節の真下にくるように

↓

手のひらをひとつぶん後ろに動かします

↓

鼻から5秒かけて息を吸いながら、背中を丸められるだけ丸めます。吸う際には上体が落ちないように。5秒息を止め、5秒かけて口から吐きます。吐くときは腕を伸ばします。これを5回繰り返します

↓

## 47　壁際の呼吸

足を壁から30センチほど離して、そのままお尻と背中を壁に着けます。この際、巻いたタオルか小さなボールを膝に挟みます。両手を前に出し、口から息を吐きながら前方へ腕を伸ばしていきます。息を吐ききったら、体はその状態をキープしたまま鼻から息を吸います。再び口から息を吐きながら腕をさらに前に伸ばしていきます。これを4呼吸分繰り返します。3セット行います。

＊息を吸っているときに体が落ちやすいので、キープすることを心がけてください。吐くときは力を入れて腕を前に伸ばし、吸っているときはキープの繰り返しです。

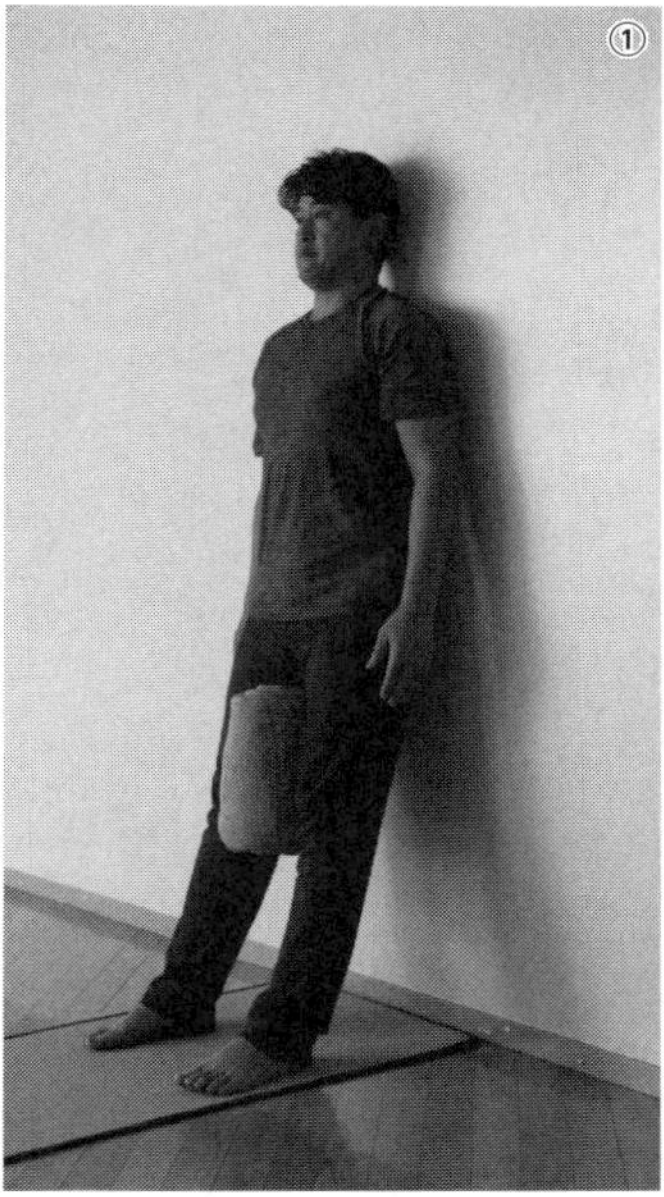


壁から30センチは離れて立ち、お尻と背中を壁に着けます。このとき、巻いたタオルか小さなボールを膝に挟みます

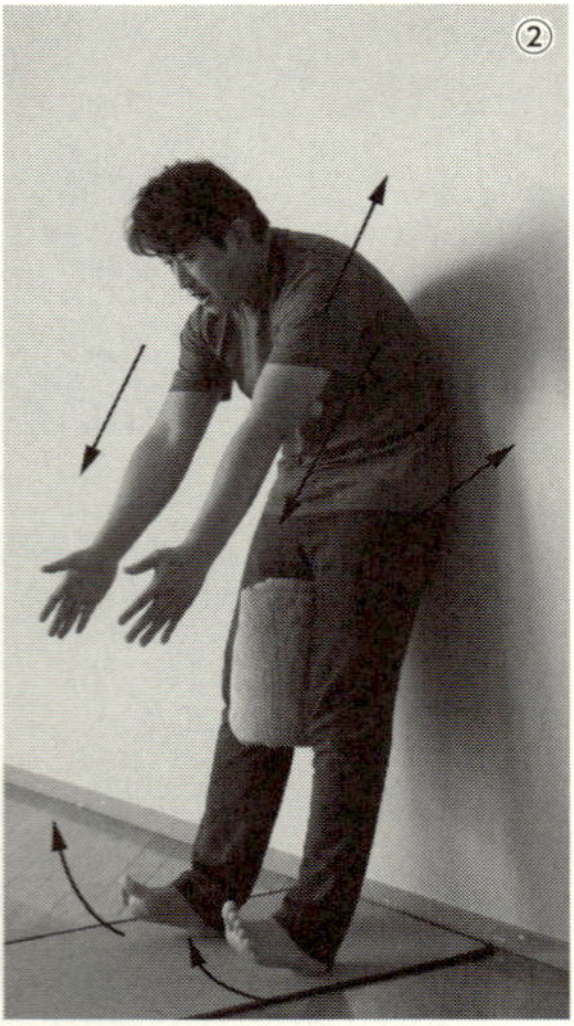


両手を前に出し、つま先を浮かせて、口から5秒かけて息を吐きながら前方に腕を伸ばしていきます

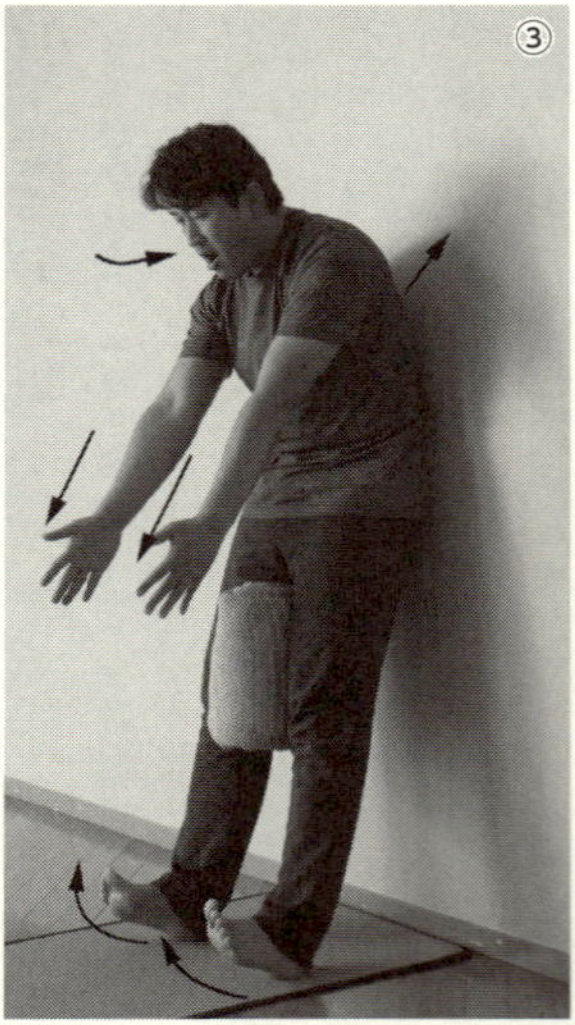


吐ききったら、体は同じ状態をキープして、鼻から5秒かけて吸いながら、腕をさらに前に伸ばします

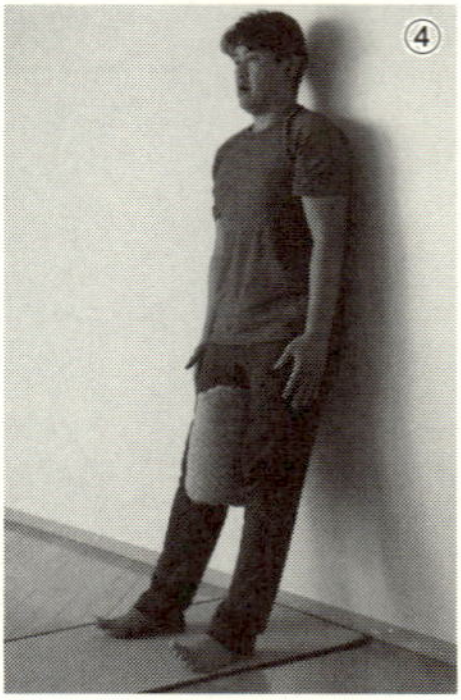

## 48　バブリーヘッド

正面に見るポイントをひとつ見つけ、それを見続けます。顔をすばやく右のほうに回していきます。その際、目線はポイントから外さずキープします。

＊眼球の動きを司る前庭筋反射機能の体操です。

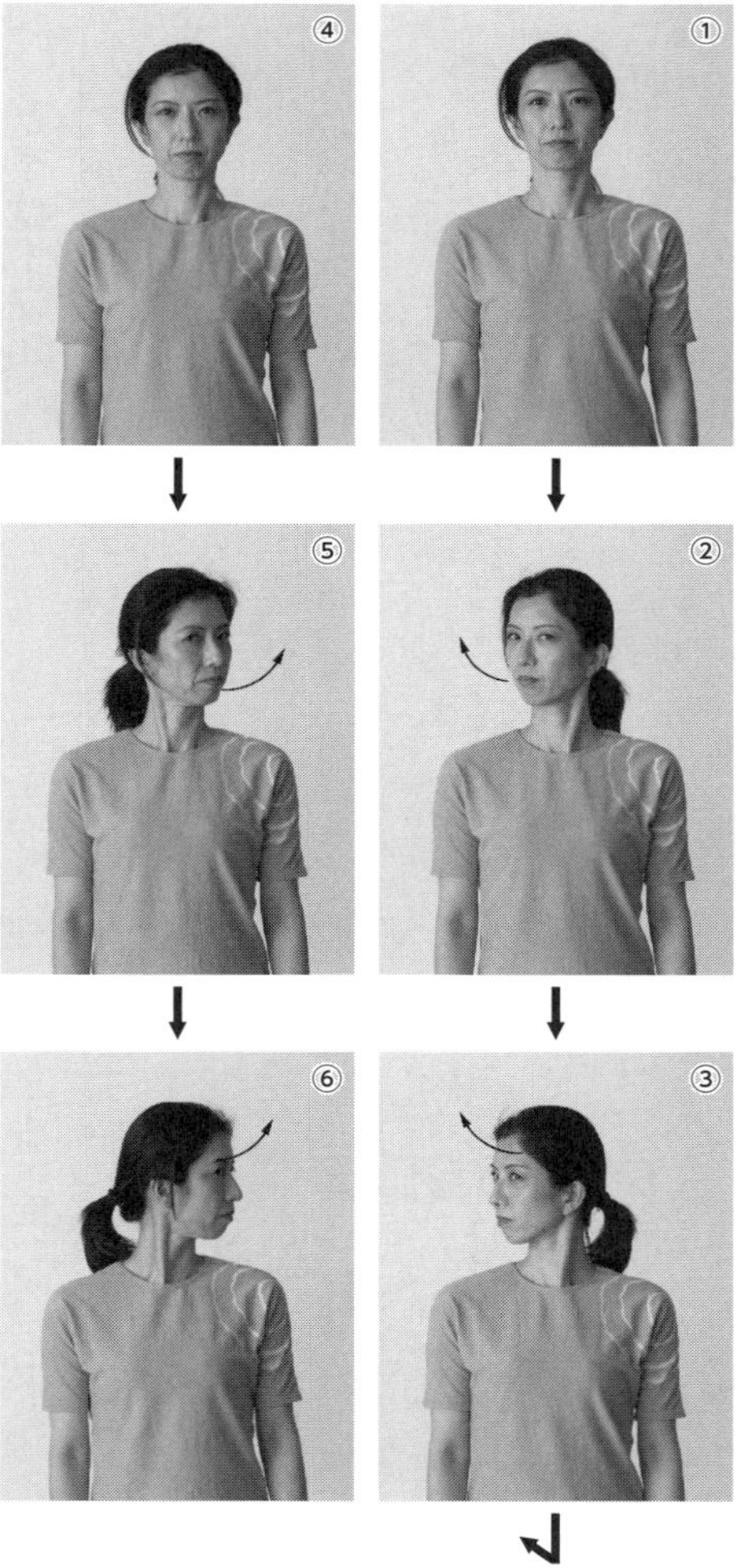

## 49　アイサークル

サムアップ（親指を立てる）――どちらの手でもＯＫ――の状態で肘を伸ばして目の前に持ってきます。親指から視線を外さないようにゆっくりと腕を真上に上げます。上げたら、時計回りにゆっくりと回します。1周したら腕を元の位置に戻します。これを5回行います。

＊頭を動かさないように注意してください。眼球の動きを司る外眼筋の体操です。凝視しないでぼんやり見たほうがやりやすい。全方向にゆっくりと動かします。

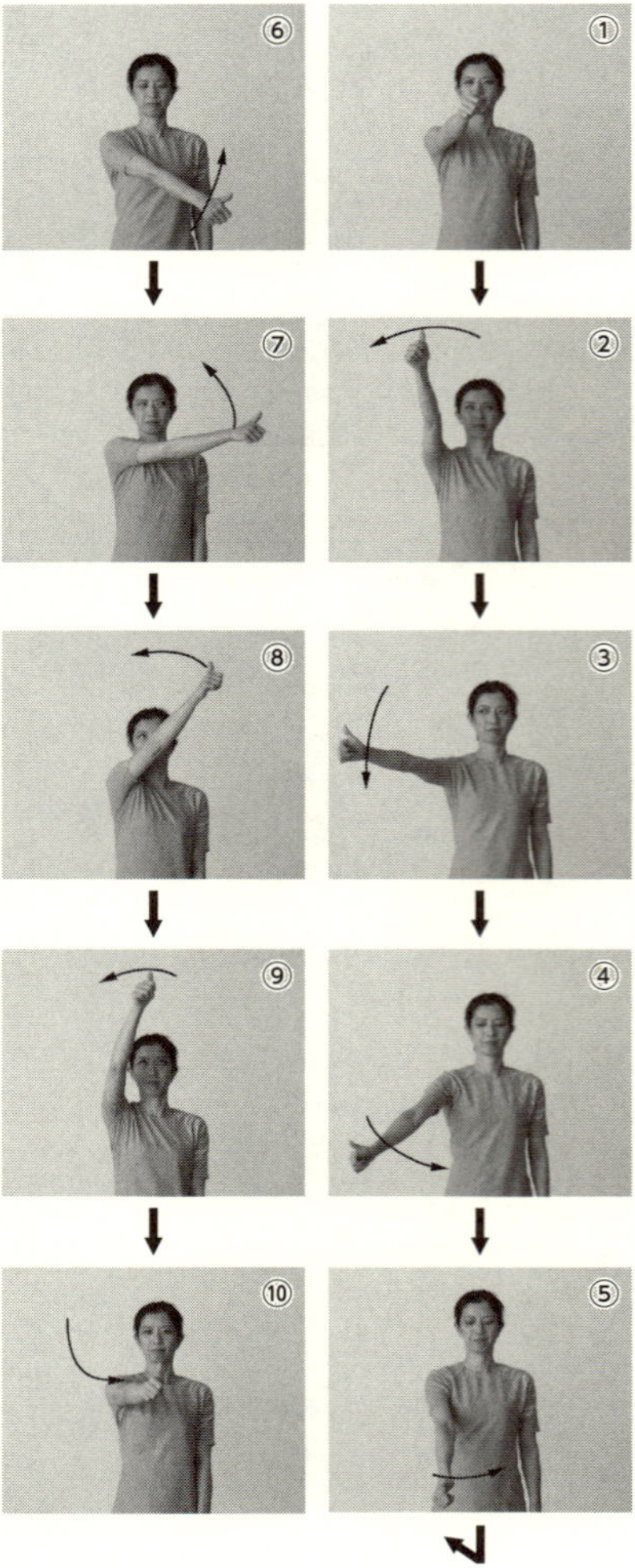

## 50 ファーアンドニア

サムアップ（親指を立てる）――どちらの手でもＯＫ――の状態で肘を伸ばして目の前に持ってきます。親指から視線を外さないようにゆっくりと親指を目の間に近づけていきます。親指が鼻に着いたら、今度は徐々に離していき、元の位置に戻します。これを5回行います。

＊人には〝利き目〟がありますが、どちらの目も同じように使うことを心がけましょう。ピントを合わせることよりも、目で親指を追うことを優先させましょう。

## 51　アゴアイーン

顔に力を入れていない状態で、下顎を前に突き出すだけです。これを10回行います。

＊年齢とともに顎関節は動きにくくなります。顎関節が動きにくくなると首が張り、肩こりの原因にもなります。

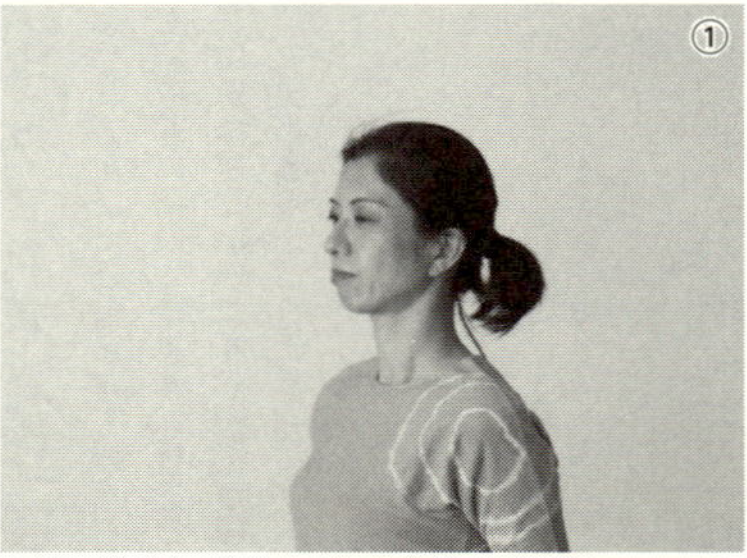

①

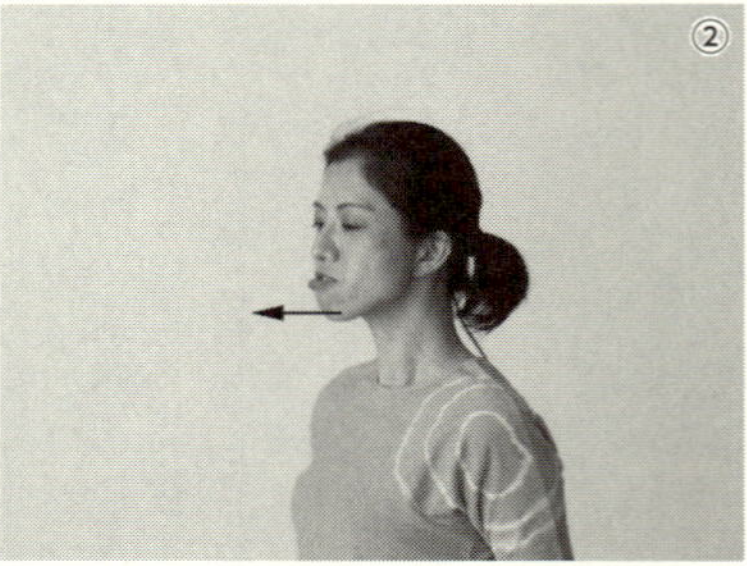

②

## 52 アゴサイドムーブ

顔に力を入れていない状態で、口を半分開いてから、下顎を左右に動かすだけです。これを10セット行います。

＊最初は少しずつ動かして様子をみてください。

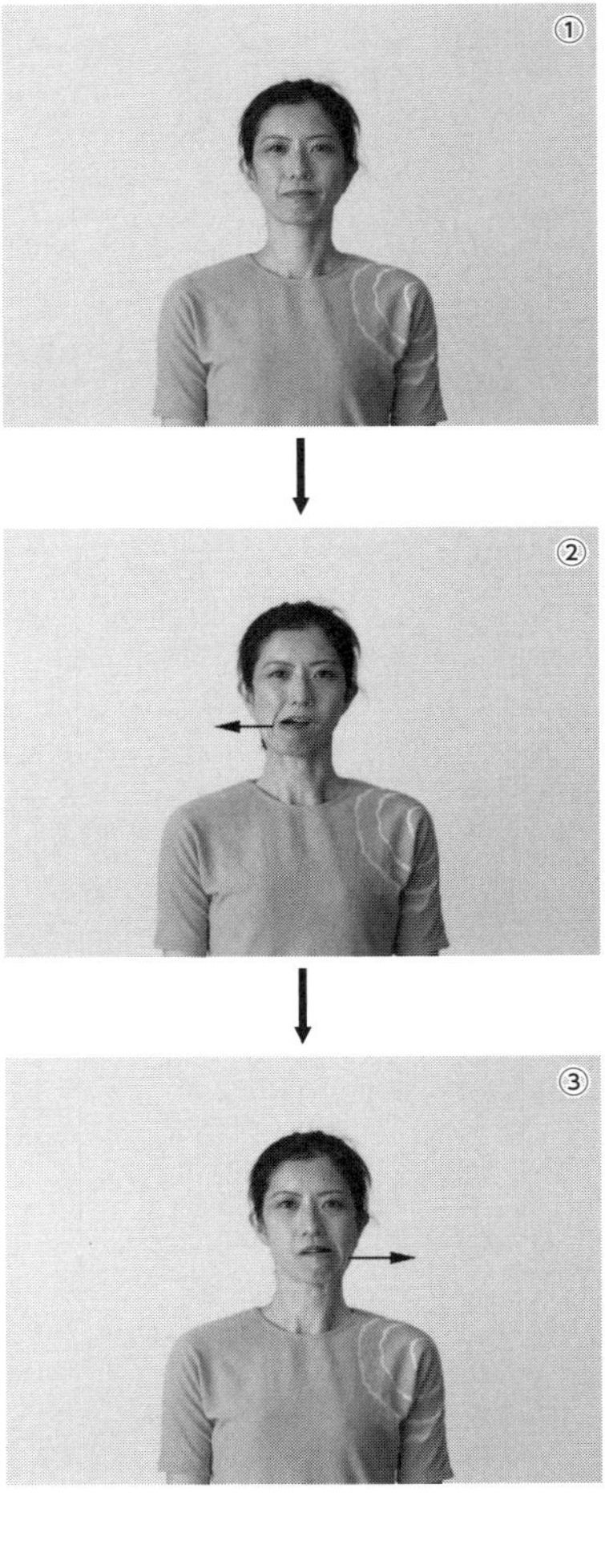

## 参考文献

『広辞苑（第六版）』（岩波書店）
『デジタル大辞泉』（小学館）
『アスリート新化論』（山本邦子著　扶桑社）
『トップ・アスリートだけが知っている「正しい」体のつくり方』（山本邦子著　扶桑社新書）
『一流の思考法』（森本貴義著　ソフトバンク新書）
『カラダ×ココロ改善計画』（森本貴義監修　ＰＨＰ研究所）
『勝者の呼吸法』（森本貴義・大貫崇共著　ワニブックスＰＬＵＳ新書）
『伸びる子どもの、からだのつくり方』（森本貴義・山本邦子共著　ポプラ社）

＊森本貴義の所属する株式会社REACHは、2004年にアスレティック・トレーナーおよびフィットネス・インストラクターの無限の可能性を信じ、最新の知識や技術・情報を提供することにより、活躍中のトレーナーやトレーナーを目指す若者たちをサポートすることを目的として設立されました。

現在はそれらを目的としたワークショップやセミナーだけでなく、実際の施設運営のサポートやトレーニングプログラムの開発等の活動の場を広げています。

とくに最近では、企業、自治体などに健康経営の提案を行い、健康づくり活動の導入や運営プログラムの開発を通して、より多くの方々の健康で豊かな人生に貢献する企業として日々進化を続けています。

〒606-8125　京都市左京区一乗寺清水町10
電話 075-707-8877
http://www.reach4d.jp/gi/comp/index.htm

# 間違いだらけ！日本人のストレッチ
## 大切なのは体の柔軟性ではなくて「自由度」です

著者 森本貴義

２０１７年９月10日 初版発行

森本貴義（もりもと・たかよし）
１９７３年京都府生まれ。㈱リーチ専務取締役。オリックス・ブルーウェーブ、シアトル・マリナーズ、ＷＢＣ日本代表のトレーナー等を経て、現職。現在はプロ・ゴルファー宮里優作選手やシアトル・マリナーズのヘルナンデス投手のパーソナル・トレーナーも務めている。著書に『一流の思考法』『プロフェッショナルの習慣力』（ともにソフトバンク新書）、共著に『伸びる子どもの、からだのつくり方』（ポプラ社）『勝者の呼吸法』（ワニブックス【ＰＬＵＳ】新書）などがある。

発行者 佐藤俊彦
発行所 株式会社ワニ・プラス
〒１５０－８４８２
東京都渋谷区恵比寿４－４－９ えびす大黒ビル７Ｆ
電話 ０３－５４４９－２１７１（編集）

発売元 株式会社ワニブックス
〒１５０－８４８２
東京都渋谷区恵比寿４－４－９ えびす大黒ビル
電話 ０３－５４４９－２７１１（代表）

装丁 橘田浩志（アティック）
柏原宗績
写真 内藤貞保
イラスト 横山英史
印刷・製本所 大日本印刷株式会社
ＤＴＰ 株式会社ＹＨＢ編集企画


ISBN 978-4-8470-6110-3
ワニブックスＨＰ https://www.wani.co.jp